陈式太极拳传统套路进阶路线图

李玉俭 著

中国画报出版社 · 北京

图书在版编目（CIP）数据

陈式太极拳传统套路进阶路线图 / 李玉俭著 . -- 北京 : 中国画报出版社 , 2025.2
ISBN 978-7-5146-2417-5

Ⅰ . ①陈… Ⅱ . ①李… Ⅲ . ①太极拳 – 套路 (武术) – 图解 Ⅳ . ① G852.111.9-64

中国国家版本馆 CIP 数据核字 (2024) 第 079755 号

陈式太极拳传统套路进阶路线图

李玉俭 著

出 版 人：方允仲
责任编辑：李聚慧
责任印制：焦 洋

出版发行：中国画报出版社
地 址：中国北京市海淀区车公庄西路 33 号 邮编：100048
发 行 部：010-88417418 010-68414683 (传真)
总编室兼传真：010-88417359 版权部：010-88417359

开 本：32 开 (889mmx1194mm)
印 张：12
字 数：260 千字
版 次：2025 年 2 月第 1 版 2025 年 2 月第 1 次印刷
印 刷：三河市中晟雅豪印务有限公司
书 号：ISBN 978-7-5146-2417-5
定 价：99.00 元

拳依道立
道順拳行

坚守传统 科学传承

龙年伊始，弟子李玉俭给我看了其新写的《陈式太极拳传统套路进阶路线图》一书的未定稿，请我提提意见，并为该书写一篇序。我认真地将书稿读了一遍，重点章节反复看了多次，从书稿的结构逻辑看到了他七年来在北京陈正雷太极拳馆的真诚付出和拳艺进步，从书稿的字里行间看到了他坚定弘扬传统陈式太极拳的不改初心，从对拳理的深层次解读看到了他矢志不移科学化普及传统陈式太极拳的意志信念，既不失传统，又有所创新，是近年来难得一见的好书之一。

中华优秀传统文化是太极拳的灵魂。众所周知，太极拳发源于河南省温县陈家沟，由我的先祖陈氏第九世陈王廷所创。它以祖传拳术为基础，博采众家之精华，结合太极阴阳之理，参考中医经络学说及导引、吐纳之术，以意导气，以气催形，内外合一，练养结合，刚柔相济，三百余年，虽历经坎坷，却长盛不衰，不仅深受全国人民喜爱，在世界范围也有一众拥趸。方今之时，地不分南北东西，人不分老幼男女，时不分寒暑温凉，太极拳的习练人群越来越庞大，使得这张闻名全球的中国传统文化名片熠熠生辉。2020 年 12 月 17 日，是值得所有太极拳习练者、爱好者纪念和庆贺的重要日子，那天，我国的太极拳申请世界非物质文化遗产成功，实现了太极拳从家传技艺到民族瑰宝再到全人类共同财富的三级跳。

追求身心健康是太极拳传承的主线。新时代新征程新气象，太极拳迎来了大发展的宝贵机遇。面对全民追求保身养生的现实需求，从创立之初就被赋予鲜明健康属性的太极拳，转化武术技击的功能，深挖科学健身的潜力，成为现在的主旋律。多年来，我一直率领并要求弟子们积极倡导推广太极拳健康的理念，以“我很健康，我能让别人健康，我正在传播健康的路上”为标准，努力在提升人民群众健康意识、促进身心健康、推动人与人和谐相处、增强社会凝聚力等方面，发挥太极拳特别是陈式太极拳的重要作用。

生逢其时，时不我待。然而，一人之力，犹如萤火之微，众人聚心，方能辉耀万里。我的诸多弟子中，不乏发表论文、著书立说者，李玉俭就是他们中的优秀代表之一。他从初中时开始习练太极拳，酷爱钻研太极拳理论，对《易经》《黄帝内经》《道德经》等传统经学均有深入的研究，善于用物理学和生物力学原理分析太极拳的拳架结构和技击理念。他自军队转业后，带着对传统陈式太极拳的热爱，加入北京的拳馆，在大量的教学实践中总结了一套行之有效的培训方法，拳艺大幅提升，理论更加深厚扎实。这本书，就是他数十年来的智慧结晶。

在此，祝贺本书能够顺利出版，希望本书对爱好太极拳尤其是陈式太极拳的拳友和教练们有所指导和帮助，让我们携起手来，共同推动太极拳事业健康蓬勃发展。

陳正雷

2024.6.6.

自　序

陈式太极拳自陈王廷创立以来，历经近四百年，从偏居一隅到全球传播，从一族一村之技艺到世界非物质文化遗产，高手辈出，著述如云，既有古老的拳经，如《十大要论》《用武要言》《陈氏太极拳图说》等，也有当代的阐发，如《陈式太极拳入门》《陈式太极拳实用拳法》《陈式太极拳全书》《陈式太极拳拳法拳理》《陈式太极拳实战绝技》《陈式太极拳教与学》《陈式太极拳习拳要点全解》等，构建了一个极其丰富的陈式太极拳拳学理论体系，为陈式太极拳的蓬勃发展提供了澎湃持续的动力。为这个体系再注入一滴新鲜血液，使其更加丰满厚重，对后进学者有所裨益，便是本书唯一的初衷。

一滴！与诸多陈式太极拳专业论著相比，本书犹如沧海一粟，似海中投石，毫不起眼。打开中国国家图书馆的搜索引擎，以“陈式太极拳”为关键词的藏书记录有 267 条，“陈氏太极拳”有 192 条，而“太极拳”则有 2907 条，现在这些数字还在不断上升。可以得见，陈式太极拳好像一座永远挖掘不尽的宝藏，吸引着一众拥趸前仆后继，尽皆为之疯痴癫狂，倾尽毕生之力研究探索。每一个探索者，尽管力量十分渺小，但是，哪怕小若微尘一粒，扑落水中，也能激起层层涟漪！本书并非要创立惊世骇俗的拳术理论，仅仅是想站在前人肩膀上，再努力地踮一下脚跟，试图将陈式太极拳的拳理以科学化、直观化的方式呈现出来，从而能被人们直观感知。

新鲜！探寻尚未开发的处女地，或许能欣赏到新的更美丽的风景，然而在传统理论的沃野中深耕细耘，未必不能开辟一片新天地。本书在继承前辈三层功夫、五层功夫、六个架子的基础上，创新性地提出七层进阶方法，每一阶都建立了明晰的标准要求，每一阶有不同深度的理论铺垫，每一阶有不一样的基础练习功法，即便是同一套拳法，比如陈式太极拳老架一路，在每一阶的练法也不尽相同。本书还就太极拳的常见理论进行了再剖析、再创造，按照“是什么”“为什么”“怎么做”三段论结构，打破以玄解玄的怪圈，尽量用科学化的语言，合理地加以阐释，以利于更好地推广普及。本书还大量地使用了诸多图形化的描述方式，比如腰的运动路线、运动速度的表达、呼吸的描绘、脚底劲的细分、丹田的显像化处理等，无一不渗透着别样的奇思巧构、清新脱俗。

血液！鲜血是生命的源泉，数十年学拳、练拳、教拳、悟拳的经验提炼，是本书取之不竭、用之不尽的鲜活血源。七层的进阶练法，来自七年的专业太极拳教学；为数不多但极为重要的拳理解析，来自三十年的学拳练拳总结；行之有效的各阶练法，来自长年不断的试错和改进。点点滴滴的凝聚积累，汇成涓涓细流，流淌在本书的字里行间，宛若精密连通的血脉网络，赋予本书勃勃生机。

诚然，由于水平的限制和时间的紧迫，本书也并非字字珠玑、句句真理，错误与不当在所难免。如果细心的您发现了一些谬误，请一定告知，以便在再版时加以改正。

李玉俭

2024 年 6 月于北京

凡　例

一、运动路线及方向

右手右脚运动路线及方向
左手左脚运动路线及方向
腰向右移、右转、下塌
腰向左移、左转、上领
腰向前折迭
腰向后折迭
重心左移
重心右移
向身体正面运动的内劲
向身体反面运动的内劲
终点发力
右手右脚变速运动
往复运动、颠颤
左手左脚变速运动

二、弧线区分

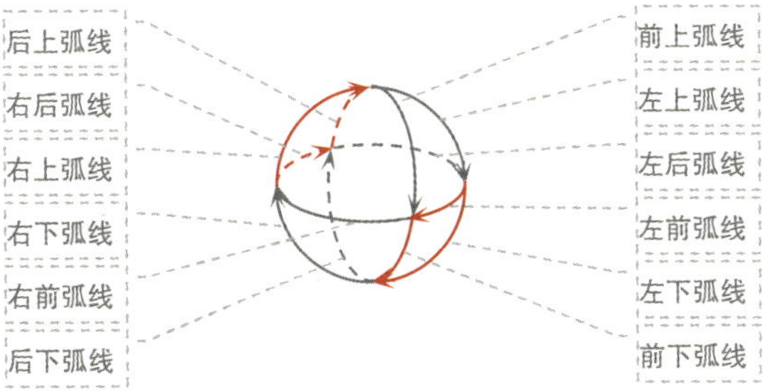

三、呼吸

呼气

吸气

四、套路标线

五、肘的旋翻

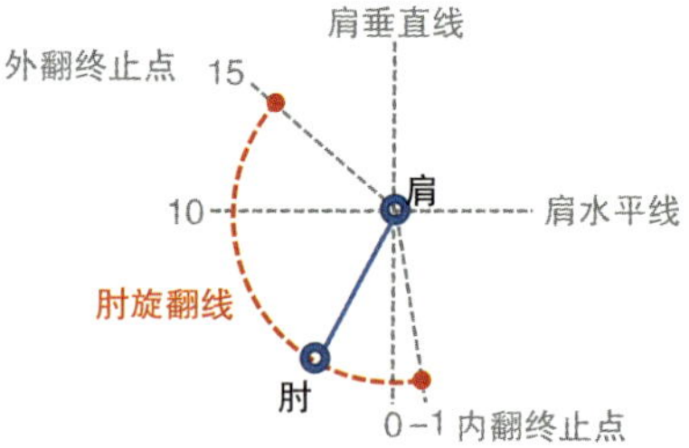

肘的旋翻度用数字来区分（-1至15），0位于肩垂直线上，10位于肩水平线

六、脚底走劲

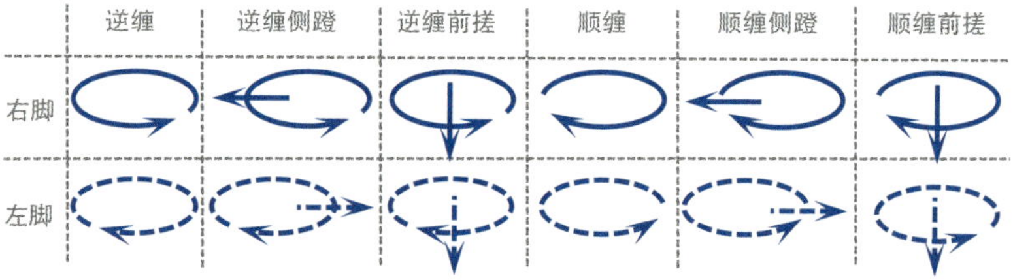

七、动作解说

七阶章节中所有的“一式入阶”动作解说，都是当前配图标注的运动路线说明，其余均为上一动作标注的运动路线说明。

八、人体卦象

在每一阶的说明中，创造了一些与八卦卦象相类似的图形，用上爻、中爻、下爻分别来表示人体的上节、中节、下节的状态。每一爻分虚实，两条短线表示虚，一条长线表示实；每一爻又分刚柔，黑灰色表示刚，空白色表示柔。

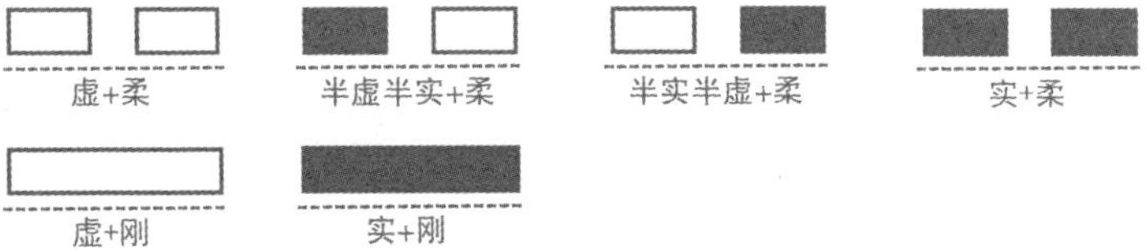

目　录

开牍浅引

翻开这本书的瞬间，你会惊奇地发现，自己很可能进入了一个完全不同的太极世界，一些原有的认知或许被颠覆，部分已然确立的理论根基需要重新构建。你可能会骂笔者的浅薄与无知，可能将这本书扔到垃圾堆甚至撕得粉碎，也极有可能用批判的思维去否定笔者的观点，当然也很可能会摒弃成见、以开放包容的心态来阅读。无论现在的你采取哪种方式，都不可否认，这本书将从全新的视角，给你指出一条十分清晰的进阶之路。

在决定是否继续读这本书之前，我们先来做一个简单的问卷调查，看看你是否能从这本书当中受到启发、找到灵感。

	问题	结论	
1	你对太极拳理论知识了解多少？	□少	□多
2	你认为现在流行的太极拳理论大部分都对吗？	□对	□错
3	你能看出对方练拳的优劣吗？	□不能	□能
4	太极拳快练好还是慢练好？	□快	□慢
5	太极拳练得越慢越好吗？	□对	□错
6	你知道怎样一步步提升太极拳技艺吗？	□不知道	□知道
7	你在练习太极拳时出现过膝关节痛吗？	□有	□没有
8	你每天坚持习练太极拳吗？	□否	□是
9	你知道怎样正架子吗？	□不知道	□知道
10	你的膝关节痛的问题解决了吗？	□没解决	□解决了
11	你知道怎样捏架子吗？	□不知道	□知道
12	你是从哪儿学的太极拳？	□老师	□其他
13	你了解你所练太极拳的传承吗？	□不知道	□知道
14	太极拳能自学成才吗？	□能	□不能
15	你了解陈式太极拳传统套路都有哪些吗？	□不知道	□知道
16	你觉得太极拳的功效是骗人的吗？	□是	□否
17	你喜欢陈式太极拳吗？	□不喜欢	□喜欢
18	你想当太极拳教练吗？	□想当	□不想当

19	你喜欢其他派太极拳吗？	□不喜欢　□喜欢
20	你觉得陈式太极拳有益于养生吗？	□没有　□有
21	你的太极拳发力好吗？	□不好　□好
22	你知道陈式太极拳发力为什么要弹抖吗？	□不知道　□知道
23	你知道什么是掤劲吗？	□不知道　□知道
24	你读过《陈氏太极拳图说》这本书吗？	□没读过　□读过
25	你认为太极拳的内功和气是不是真的？	□假的　□真的
26	你了解大小周天吗？	□不知道　□知道
27	你的大小周天通了吗？	□通了　□没通
28	学太极拳需要花钱吗？	□需要　□不需要
29	你平时爱看太极拳方面的书籍吗？	□喜欢　□不喜欢
30	你看到或听到某一种练法会先去尝试吗？	□会　□不会
31	你会认为自己练的对、别人练的不对吗？	□会　□不会
32	你觉得需要掌握太极拳所有的套路功法吗？	□需要　□不需要
33	你了解太极拳的历史吗？	□知道　□不知道
34	你了解各式太极拳之间的区别吗？	□知道　□不知道
35	你觉得自己的太极拳已经练到顶峰了吗？	□是的　□没有
36	你认为太极拳应该偏向养生还是实战？	□养生　□实战
37	你认为太极拳能打吗？	□能　□不能
38	你认为太极拳的发展前景如何？	□好　□不好
39	你认可一人一太极吗？	□认可　□不认可
40	你觉得有必要统一太极拳的标准吗？	□有必要　□没必要
41	你能区别八种基本劲力吗？	□能　□不能
42	你觉得自己还有进步空间吗？	□有　□没有
43	你觉得学太极拳需要找老师教吗？	□需要　□不需要
44	你能通过书籍、视频等媒介学习太极拳吗？	□能　□不能
45	你认为线上教学好还是线下教学好？	□线上好　□线下好
46	你认为单人私教学习好还是多人共同学习好？	□单人好　□多人好
47	你去过陈家沟寻根吗？	□去过　□没去过
48	你认为太极拳是谁创立的？	□陈王廷　□张三丰
49	你认为太极拳属于道家还是其他？	□道家　□其他
50	你看到本书的书名时有想看的冲动吗？	□有　□没有

细心的你可能会发觉，以上诸多问题之间并非独立不相关的，有些问题关联性很强，这些都是出于调查的需要，只有如此，才能尽可能摆脱主观判断的影响，得出较为客观的结果。如果上表

的综合得分（计算方法见附录二）大于 20 分，你可能有必要继续往下看，当然如果得分不在该区间内，也不妨碍你用挑剔的眼光来纠正本书的谬误。

言归正传，之所以给这本书取名《陈式太极拳传统套路进阶路线图》，有两层含义。第一层，本书仅立足于陈式太极拳传统套路，其详述内容仅限于陈式太极拳老架一路、老架二路、新架一路、新架二路、推手、单剑、单刀、双剑、双刀、太极枪、春秋大刀和十三杆，这些套路是笔者师父陈正雷先生所著《陈式太极拳全书》中所收录的，其他套路并不在本书研究范围。第二层，笔者希望创建一条标准化的路线，使学习陈式太极拳的拳友拾级而上，拳艺逐步精进。

笔者在陈式太极拳传统套路的实际教学和习练中，总结了一套实用的方法，简称“七层进阶法”。以传统“五步法”，即“学架子、正架子、捏架子、顺架子、拆架子”为基础，参考师父陈正雷先生提出的“十段功法论”——“熟练套路、明确姿势”“调整身法、周身放松”“疏通经络、引动内气”“形气结合、如环无端”“周身相随、内外一致”“稳固根基、充实内气”“触觉灵敏、知己知彼”“得机得势、舍己从人”“身如火药、一动即发”“变化无方、神鬼莫测”[1]，根据自己的练拳与教拳实践，重新归纳整理，进一步细化内容与方法，按照“七个阶段”，由简入繁，由易到难，系统、快速地提升太极拳技艺。“七个阶段”是指“招式临摹”“松沉入地”“以腰领手”“节节贯串”“丹田内转”“连绵不断”“阴阳相变”，每个阶段，

[1] 陈正雷：《陈式太极拳全书》，上卷，人民体育出版社，2008：52 页。

体验不同的太极拳境界，七个阶段逐级上升，难度渐次加大，对太极拳的感悟逐渐加深。

“七层进阶法”，紧紧抓住陈式太极拳老架一路这条主线，在不同的阶段增加新的习练内容，同一内容在不同阶段采取不同的练法，一个阶段盯紧一个问题、解决一个问题，各阶段之间可以适当互相穿插，最后形成一个完整的体系。它既是教学的方法，适合专业的太极拳老师采用，也是自修的方法，十分契合太极拳爱好者独立研习。

第一阶 招式临摹

“招式临摹”是练习陈式太极拳的第一阶段，也是必经阶段，无法逾越。离开陈式太极拳的套路动作，用各种所谓的创新动作来修炼陈式太极拳，皆如镜中月水中花，习练多年，兜兜转转，依然还要回归其基本套路动作。因此，无论你了解或掌握多少种习练的秘诀和方法，前提就是对陈式太极拳的套路动作十分熟悉。

在这个阶段，主要掌握陈式太极拳的基本功、入门简化套路和老架一路七十四式的基本动作，还要根据自身的条件，灵活科学地安排各项内容的习练时长。

基本功，是从陈式太极拳中抽取出来的、具有典型代表意义的动作功法，通常可分为桩法、身法、步法、手法和脚法五类，需要长期坚持练习，逐渐增强功力，不可一蹴而就。桩法，是指身体各部位做出相应动作并保持不动的练法，按身形分浑元桩、虚实桩、活身桩三种，按步形分马步桩、弓步桩、虚步桩、歇步桩、仆步桩和独立步桩六种。身法，是指陈式太极拳套路动作的身体运动方法，排除个别动作的倾斜身法，以立身中正为基本标准，可将身法分为移动、旋转两种，把移动与旋转相结合，可衍生出正身、反身和定身三种身法。步法，是指陈式太极拳下肢的运动方法，按运动的方向可以分为前进、后退、左开和右开及溜步五种步法，按步形可以分为马步互换、弓步互换、虚步互换、歇步互换、仆步互换和独立步互换六种。手法，是指陈式太极拳上肢的运动方法，又称缠丝功、缠丝法或缠丝劲，是陈式太极拳主要的运动形式，是陈式太极拳千变万化动作的基础，按两条手臂的运动路线和时机，大致可分为12种基本缠丝，随着拳艺水平的提高和习练内容的丰富，基本缠丝劲又会产生诸多新的形式。脚法，是指陈式太极拳下肢的运动方法，又称腿法，按照陈式太极拳传统套路中的动作招式，可分为擦脚、蹬脚（正蹬、侧踹和跌岔）、震脚（单震脚和双震脚）、旋风脚（里合脚）、摆莲脚（外摆脚）、磨脚和二起脚（踢二起）等。

入门简化套路，是提取陈式太极拳传统套路部分动作，适合初始习练陈式太极拳或身体条件特殊的人群，按照传统套路的演练风格而创编的简易套路，有七式（又称“六手四向功”或“四势五行太极拳”）、九式、十三式、十八式等，因创编人的主观认识而形态各异，实质上并无优劣之分，只是在学习传统完整套路之前的“开胃菜”，作为进一步深入学习的阶梯。根据实际情况，这一步是可以跳跃过去的，可以直接进入传统老架一路套路的学习阶段。

老架一路七十四式，也有称七十二式、七十三式和七十五式的，仅仅在动作上的划分不同而已。有许多人将其称为“陈式太极拳功夫架”，或者称为“入门贴”，诸多称谓不一而足，总而言之，它是陈式太极拳最基本的套路之一，以慢柔为主、快刚为辅，注重呼吸调节、周身协调，是习练陈式太极拳无论如何都难以绕开的关卡。

在这一阶段的学习过程中，人体上中下三节十分僵硬，处处在使用拙力笨力，各关节转关不灵，周身上下配合失调，路线多走直线、折线，速度忽快忽慢，形象犹如八卦中的乾卦☰，上肢、躯干、下肢皆充满僵力，刚劲有余而柔劲不足，“纯阳无阴是硬手”，尚处于记动作、熟路线、明姿势、思配合、想要领的低级层次。

第一节 目标标准

这个阶段，目标是要了解套路的运动路线，招式的总体编排，每个动作的分解构成，身体各部位的静态和动态要求，劲力大小的基本掌控等，对熟练的程度要求并不高，具体的标准可概括为四个：动作完整、路线正确、姿态标准、配合协调。

标准		说明	达标
一	动作完整	每一式分解动作无增减	★★★★★
二	路线正确	身、手、步路线无差错	★★★☆☆
三	姿态标准	周身各部位形态位置准确	★★☆☆☆
四	配合协调	手眼身法步协调一致	★☆☆☆☆

一、动作完整

陈式太极拳传统套路由多个招式按照一定顺序编排而成，每个招式又可细分为数量不等的小的分解动作，在“招式临摹”阶段，所谓的“动作完整”，即保证所有招式的分解动作不多不少，不能随意增减，严格依照顺序全部表现出来，充分体现招式的完整性。

在当前阶段，对“动作完整”这一标准要求比较高，容不得半点含糊和误差，必须做到100%（★★★★★）正确无误。比如，老架一路第一个“金刚捣碓”的招式，笔者习惯将其分解为九个动作，在教学中，一定要求学生将这九个动作全部做出来，不能省略或合并动作，也不允许私自增加一些小的劲力和转换动作。

但是，由于教学理念和对招式理解的差异，不同的老师对同一招式的分解并非完全一致，太极拳爱好者在这一步，只需要按照老师相应的分解方法，将所有的分解动作做出来即可，没必要纠结谁对谁错。

二、路线正确

“外形走弧线”是陈式太极拳的一个基本特征，也是所有太极拳的共同特点，弧线有上弧与下弧、前弧与后弧、内弧与外弧等区分，同一个动作，即便起点和终点位置相同，也会因弧线的变化而造成动作的偏差。

尽管从理论和实战应用上讲，无论哪个招式和小的动作，既可以走上弧，也可以走下弧，前弧对，后弧也不算错，总是因“敌”制宜，灵活多变的，但是在学太极拳的初期，还是需要一定标准的，应该尽量模仿老师的拳法路线，体悟其中的拳理用法。

正是由于弧线在空间的多种变化，所以在实际的习练中，大部分的习练者并不能在短期内完全掌握招式或动作的路线，这就决定了该条标准并不需要严格执行，只要完成60%以上（★★★☆☆）即可达标。

三、姿态标准

陈式太极拳的手形、步形、身形有其独特的风格特点，套路中每一个招式对身体各部位的位置及形态要求也十分严格，比如单单是掌形，就有推掌、按掌、仰掌、穿掌、侧立掌、托掌、叉掌等多种变化，手臂在伸展时要求既不能完全伸直也不能刻意蜷曲，步形上要求“三七分”或“四六分”，运动中处处谨守疆界，注重守中而不逾矩。

在初学陈式太极拳时，由于身上到处都是僵劲，以上种种姿态上的要求很难做到，习练者往往需要数年甚至十数年的勤练功夫，才能达到标准的十之七八，即便是许多已然成名的大师，也不敢称他们的拳架就完全没有毛病，难度可见一斑。

同时又由于习练者的身体结构并非完全相同，所以对同一动作的姿态要求不能完全一致。比如，前弓步时要求前脚脚尖微内扣，这样可以最大限度地保护自己的膝关节，但是由于习练人膝关节结构的差异，一些人无法做到内扣，反而需要向外转动一定角度，才能保持膝关节的舒适和放松。因此，在姿态的标准上一定要因人而异，切不可一概而论。在此阶段，对姿态的要求不需要标准太高，只要完成40%以上（★★☆☆☆）即可达标。

四、配合协调

自然协调的动作是太极拳的必然要求，在当前阶段所谓的配合协调，指的是每个招式的每一动，在外形上要做到动静符合标准，快慢相对一致，该动的必须动，需静的必须静，何时开何时合，在运动时机上要恰到好处。

在习练陈式太极拳的初期，往往会只注意手动而忘记脚动，也极有可能只关注右手的动作而忽视左手的形态，更加难以照顾到身姿的中正、运动的方向、相互之间的配合等。因此，在“招式临摹”阶段，不能在协调性上做过多的要求，仅需要注意几个重要的部位相互协调即可，总体完成率保持在20%以上（★☆☆☆☆）就算达标。

双手的协调是首要。要弄清每一个动作左手与右手所画的圆或弧线，知道哪只手先动、哪只手后动，明白手先动多少，了解双手在什么时机外开、什么时机相合、什么时机相交错。

手步的协调要重视。要知道在手运动到什么位置时开始动步，动步过程中手如何一致运动，尤其是在向前进步、向后退步、向左向右开步的过程中，双手的画弧快慢、相开相合时机。

身法的协调莫忽略。要摸准重心移动的时机，什么时候重心偏左或偏右，什么时候重心偏前或偏后，什么时候重心保持不动，什么时候身体倾斜，什么时候身体扶正，何时转胯拧腰，何时前后左右折迭。

总之，在此阶段应该注意动作的协调性，特别是手、步、身的协调，将注意力放在相互运动的时机上。

第二节 拳理铺陈

在此阶段，无需了解和掌握太多的太极拳拳理，只需清楚几个重要的概念，对陈式太极拳传统套路的特点和要求基本领会即可，过多或超前地追求对拳理的理解，反而会在一定程度上影响拳艺的进步。

一、中正

陈式太极拳对身体各部位的基本要求，归结起来就是两个字“中正”。

什么是中正呢？诸多太极拳家众说纷纭、莫衷一是，或言百会涌泉垂直一线，或论尾闾下垂腰脊直竖，或说虚领顶劲、含胸塌腰、屈膝松胯，皆引经据典，阐述翔实，非有渊博学识难以窥其妙。笔者认为，中正蕴含两层拳理，“中”和“正”当拆开分别独立理解。“中”与“正”表达的含义各不相同，练拳时唯有同时做到“中”与“正”，才是真正意义上的立身中正。何为“中”？《中庸》讲：“不偏之谓中，不易之谓庸。中者，天下之正道；庸者，天下之定理。”按现代人的解释，“中”，即平衡，诸多“不中”的动态平衡点。用在练拳上，即指随时保持人体重心的稳定，无论做什么样的动作，都不能破坏自身的平衡。做到了重心稳定平衡，就叫作“中”，做不到这一点，哪怕只有瞬间的不稳定或不平衡，也叫作“失中”。何为“正”？有准不以平，有绳不以正。这里的“正”是直的意思。在习练太极拳时，要随时保持身体外在形态的“直”和内在劲力的“直”。外在形态的“直”并非与地面的垂直，而是指头、颈、肩、胸、腹、腰、臀、胯等部位以脊柱为准绳，保持相对的直，可以垂直地面，也可以倾斜，不能低头、耸肩、挺胸、弓腰、翘臀、顶胯。内在劲力的“直”才是真正的垂直，是指肌肉放松，使身体受地球重力作用自然下坠，身体内部尽量少产生除垂直方向外的其他作用力，最大限度做垂直向上或垂直向下的劲力。垂直向上即头的虚灵顶劲、手的指节上领、膝的松而不塌、臀的泛而不翘。垂直向下即沉肩、坠肘、含胸、舒背、塌腰、屈膝、坐胯、松踝。

为什么要中正呢？这是由太极拳尤其是陈式太极拳的技击理念决定的。众所周知，陈式太极拳有“八法”和“十三势”的说法。关于“八法”的普遍说法是“掤、捋、挤、按、采、挒、肘、靠”，另有“接、引、进、转、击、蓄、留、停”[1]的“接手八法”；“十三势”通常说的是“掤、捋、挤、按、采、挒、肘、靠、进、退、顾、盼、定”，另一说为“掤、捋、挤、按、采、挒、肘、靠、粘、连、黏、随、活”，还有“粘、游、连、随、腾、闪、折、空、掤、捋、挤、按、活”。无论哪种说法，陈式太极拳及其他各派太极拳，都将“掤”劲作为太极拳的基础劲，每招每式必时刻保持“掤”劲不丢，因此，太极拳又有“掤拳”的称谓。而若要练出掤劲，必须保持身体的中正，做到“不丢不顶、无过不及”，劲力不得有丝毫的偏倚，“一羽不能加，蝇虫不能落”，若不如此，但凡出现劲力的前冲、后缩、左歪、右斜，必将被人所乘，在推手较技中被迫拔根或重心摇摆不定。

如何才能做到中正呢？影响身体中正的因素很多，要使身体

[1] 陈鑫：《陈氏太极拳图说》，山西科学技术出版社，2012：28 页。

中正，需要照顾到身体的各个部位的状态，使其顺着重力的方向竖直向下。初学陈式太极拳，根本无法体会到诸多部位的劲力向下，只需要盯住其中最为核心的也最为直接有效的部位“腰”，做到“腰劲贵下去”[1]，就能快速领会到中正的含义。所谓“腰劲贵下去”，其实就是“塌腰”的另一种说法。正常人的腰向前弯曲，在两肾之间的腰眼位置呈现一个凹陷。在正常非中正的条件下，此凹陷的中心会出现各个方向的顶力，向上支撑腰椎以上身体的重力，向前维持后折腰的平衡，向后维护弯腰时的重心稳定；而在中正的要求下，此时凹陷的中心既不能向前，也不能向后，更不能向左向右，在保持基本的向上支撑力的条件下，要有一个明显的向下运动，好像将一碗水倒在松散的沙堆上，沙堆会出现一个明显的塌陷，而水会顺着塌陷的方向渗入沙下，这个水就是向下的劲，也是上身的重力，而沙堆的塌陷就是“塌腰”。当掌握了“塌腰”的要领后，就会明显地感觉到上身的重量一下子压到了胯上，而腰以上的身体会突然十分放松且极为灵活，此时无论身体前俯后仰、左歪右斜，上身劲力都是中正不偏的。与“塌腰”相关联的另一个概念就是“泛臀”，与有些太极拳的要求“敛臀”截然不同，陈式太极拳对臀部的要求是要“泛”，有左泛、右泛、后泛之别，有“翘起”的含义，但是要注意在翘起的同时不能破坏“塌腰”的形态并且保持腰胯部的放松灵活，凡是出现腰部紧张、胯部僵硬的都不能叫作自然的“泛”，而是刻意的“翘”。

师父陈正雷在所著《陈式太极拳全书》中写道：“陈鑫在

[1] 陈鑫：《陈氏太极拳图说》，山西科学技术出版社，2012：97 页。

《太极拳图说》中，曾多次提出臀部要‘泛起’，要‘翻起’。他说：‘屁股泛不起来，不惟前裆合不住，即上体亦皆扣合不住。’在塌腰、合腹、开胯、圆裆的配合下，臀部向后微泛，有利中气贯于脊中，有利于腰劲、裆劲、腿劲的运用。泛臀绝不是撅屁股，不是凸臀。泛臀是塌腰、合腹、圆裆、开胯、合膝的必然结果。‘前裆合住，后臀自然翻起。’有的太极学派提出了‘敛臀’，就是臀部微向里收的要求。敛臀固然可以防止撅屁股的毛病，但是，如果只注意臀部向里收敛，则前裆大开。后裆夹住，裆劲不能开圆，这会影响身体转动的灵活性。”[1]

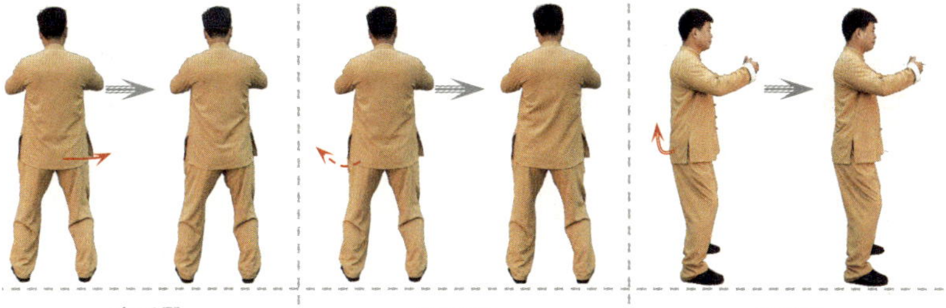

右泛臀　　左泛臀　　后泛臀

二、松柔

拳谚云“松松松，太极功”，唯有大松大柔，才能至刚至强，这是中国传统文化的辩证思维在武术领域的应用。由此，我们可能会陷入一个误区：太极拳就是要越松越好、越柔越好。许多人形容太极拳的松柔，常常将人的身体比作水，“天下莫柔弱于水，而攻坚强者莫之能胜”[2]，“天下之至柔，驰骋天下之至坚”[3]，

[1] 陈正雷：《陈式太极拳全书》，上卷，人民体育出版社，2008：48页。
[2] [魏]王弼注：《老子道德经注校释》，第七十八章，中华书局，2008：187页。
[3] [魏]王弼注：《老子道德经注校释》，第四十三章，中华书局，2008：120页。

将由之而衍生出来的“以柔克刚”作为练习太极拳的至理。殊不知，上面的两句话还有后半句，分别是“天下莫不知，莫能行”[1]、“天下希及之”[2]。总而言之，人体毕竟不是水，其物理结构无论通过什么功法都无法改变，太极拳所谓的松柔绝不是“柔如水”“如水行舟”，而仅仅是一种理想的状态。松柔的程度是受到身体物理结构限制的，最终的目的绝非将身体练成“水”，其含义也绝不会是松散柔弱。

那么，何为松柔？简而言之，就是“松而不懈，紧而不僵，柔而不软，刚而不拙”，核心就一个字“活”。“松”与“紧”是太极拳中的一对基本矛盾，两者须臾不可分离，太极拳的每一招每一动，无不是在“松”与“紧”之间寻找最佳的动态平衡，与力的大小密切相连。

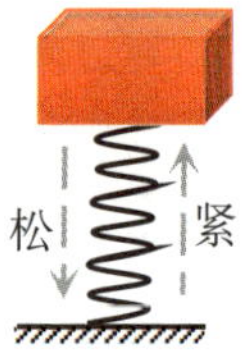

“松”，是最大限度地减小身体骨骼和肌肉抵抗人体重力的力量；“紧”，则是最低限度地保持身体骨骼和肌肉的支撑人体重力的力量。可以简单地理解为，“松”是减小或者消除除向下之外的各个方向的力，“紧”是维持向上的力，在“松”的同时不丢“紧”，就是“松而不懈”，在“紧”的同时不失“松”，就是“紧而不僵”，犹如弹簧支撑重物，弹簧向下的形变可以看作“松”，弹簧被压而不折断，所产生的向上的支撑力，可以看作“紧”，一松一紧维持了弹簧与重物的平衡系统。而“柔”与“刚”，是另一个层面的概念，与力的大小、方向和速度等全要素相关，同样是太极拳中的一对基本矛盾，互相纠缠，相互动态变化。在力的大小上，由大变小为“柔”，由

[1] [魏]王弼注：《老子道德经注校释》，第七十八章，中华书局，2008：187 页。
[2] [魏]王弼注：《老子道德经注校释》，中华书局，2008：120 页。

小变大为“刚”；在力的方向上，圆弧运动为“柔”，向心、离心及切线、垂面运动为“刚”；在力的速度上，缓慢匀速为“柔”，迅疾加速为“刚”。“太极两仪，天地阴阳。阖辟动静，柔之与刚。”[1]柔为引进，刚则发放，刚柔各有妙用。《读易余言》说：“刚柔气也，得其中正者道也，刚而中即用柔之谓，柔而中即用刚之谓，若刚全为柔、柔全为刚，则失其本性而为陂道。”[2]陈照丕先师在《太极拳理论十三篇》中讲：“动则为刚，静者为柔；开者为刚，合者为柔；发劲为刚，蓄劲为柔；气为刚，劲为柔；总之太极不离阴阳，太极不离刚柔。阳者为刚，阴者为柔，太极是阳不离阴，阴不离阳的，阴阳相停。太极拳是刚不离柔，柔不离刚，刚柔相济。”[3]

松柔的目的何在？在太极拳的实战对抗中，“松柔”往往并不能直接克敌制胜，“紧刚”才是决定胜负的关键，“松柔”是标，“紧刚”是本，“松柔”是实现“紧刚”的有效方法和必要过程，而“紧刚”是“松柔”练到一定程度的结果。因此，松柔是陈式太极拳习练的方法和手段，也是练拳的必经途径，其最终的目的还是要回到拳术的六要素“胆气、力量、反应、耐力、柔韧、技巧”，即训练陈式太极拳“引进落空的胆略”“八面支撑的掤劲”“粘连黏随的灵敏”“以小搏大的持久”“屈伸旋转的灵活”“避实击虚的战术”，离开松柔，上述所说的目标均难以达成。只有松，才能使自身重力或外来之力顺肢体而下直达脚底，进而与地面接触产生诸多反弹之力，各关节亦能灵活圆转、避免

[1] 陈鑫：《陈氏太极拳图说》，山西科学技术出版社，2012：74 页。
[2] [明]崔铣：《四库全书·经部·易类》，卷一。
[3] 陈照丕：http://www.360doc.com/content/16/0503/09/1440676_555808138.shtml。

受制于人；唯有柔，方能巧妙绕过对手的防线，迂回至对手防线的侧翼或背后，后发先至，致人而不致于人。《孙子兵法》云："军争之难者，以迂为直，以患为利。故迂其途，而诱之以利，后人发，先人致，此知迂直之计者也。"[1]

从科学的角度讲，陈式太极拳的松柔，是以空间换时间、以时间换力量、以跌摔换击打，可以做到在打人的同时不伤人、不伤己。牛顿第三定律告诉我们，$F_{作}=F_{反}$，力的作用是相互的，你打对方用了多大的力量，反弹到自身的力量也就有多大，伤人的同时也会反伤到己身。因此，陈式太极拳在科学上充分利用了冲量定理，$I_{冲}=F_{作}\Delta t=m\Delta v$，其中$m\Delta v$表示对方产生了跌摔的结果，为使跌摔的效果增大$m\Delta v\to+\infty$，可以采用两种方法：一是在$\Delta t$不变即作用时间一定的条件下，增大作用力使$F_{作}\to+\infty$；二是在$F_{作}$不变即作用力大小一定的条件下，延长作用时间使$\Delta t\to+\infty$。第一种方法需要自身强大的绝对力量，并非人人具备，为太极拳所不取。第二种方法才是太极拳力量的源泉，也就是用时间换力量。而柔化引进的曲线运动，可以利用空间的错位来实现作用时间的无限延长，这就是以空间换时间，追求$m\Delta v$的跌摔结果就是以跌摔换击打。

怎样才能做到松柔？先说松。根据前辈先贤的大量实践及经验总结，笔者结合自身的体悟，将其概括为六句话二十四个字："虚领顶劲、坠肘沉肩、含胸舒背、泛臀塌腰、屈膝坐胯、松踝实足"。这是按照通常的思维进行的总结，在实际练习中，可能需要反向进行，即按照"松踝→屈膝→泛臀→坐胯→塌腰→含胸

[1] 骈宇骞等译注：《孙子兵法·孙膑兵法》，中华书局，2006：45页。

舒背→沉肩→坠肘→虚领顶劲”的逆向过程进行放松。其原理十分简单，有 A、B 两个石块，B 压在 A 之上，如果 A 不动，则 B 无法向下运动，只有将 A 移开，给 B 向下运动腾出空间，B 才能在重力的作用下向下运动。A、B 两个石块好比身体紧邻的两个部位，A 为靠下的部位，B 为靠上的部位，只有 A 部位向旁边或向下运动，才能为 B 部位的向下运动创造条件。因此，若要屈膝，必先松踝，松踝则膝可屈，其余皆同此理。而踝关节为人体最下方可活动的大关节，若要放松，必先从松踝开始。再说柔。只需在松的基础上，做缓慢、匀速的圆弧运动，就做到了柔。

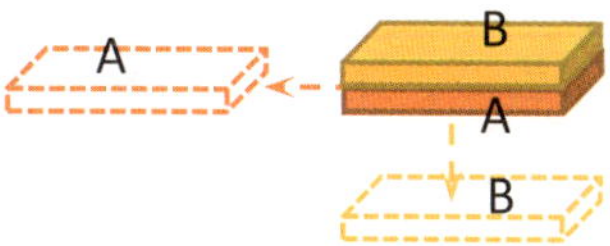

总的来讲，松柔是一种极限要求，由于人体始终处于动态的变化之中，想要做到大松大柔或完全松柔，是不可能的，不要被“全身彻底放松”所迷惑，有限的、动态的、相对的松柔，才是我们追求的目标。

三、快与慢

刚刚接触太极拳，你可能认为太极拳就应该要慢练，快练的不是太极拳。当你开始练习陈式太极拳时，会发现有些动作很快，有些动作很慢，有的老师练一套拳时间短一些，有的老师练一套拳时间长一些，尤其是陈式太极拳老架一路，有 15 分钟左右练完一套的，有 20 分钟左右练完的，也有 12 分钟左右的，甚至还有 7 分钟和 4 分钟左右的，有始终一个节奏的，有快慢结合的，到底应该保持什么样的速度才是正确的呢？

归纳起来八个字：“快而不乱，慢而不散。”

你可能听说过“天下武功，唯快不破”，在制服对手的一瞬间，速度快就是颠扑不破的真理，当习练太极拳达到一定的水平，力量越大越好，速度越快越好，身体越灵活越好。因此，快并非太极拳的禁区，反而是矢志追求的最高目标。但是，初学太极拳时，盲目地求快，容易导致动作变形、僵力丛生、转关不灵，周身各部位无法很好地协调一致运动，就不可避免地产生了“乱”，因此这时的快在起反作用，会极大地影响对太极拳要领与精髓的掌握，阻碍太极拳水平的提高。

此时，如果我们能够沉下心来，适当地放慢速度，甚至停下来去琢磨动作要领，一招一动揣摩路线、方位、形态、内劲等，一点一点查找身体各部位的僵劲拙力，反反复复培养周身各部位的协调性，对太极拳拳艺的提高大有裨益。尽管慢有上述诸多优点，但是也不可否认，一味地慢或越来越慢可能与我们练太极拳的初衷背道而驰。也就是说，慢有慢的规律，慢有慢的要求，如果慢到影响了动作的一致性，妨碍了内气内劲的运行，丢掉了太极拳的整体性，那就产生了另一个弊端“散”，无论是形散还是神散，都是要极力避免的。

故而，在初学太极拳时，尤其处于第一个阶段时，要尽可能地放慢速度，随着拳艺的精进，再逐渐地加快速度，进而达到陈式太极拳快慢相间、随心所欲的要求。

四、圆弧

“走圆划弧”是陈式太极拳基本的外在运动形态，这是由陈式太极拳的技术理念和人体的结构特性所决定的。

严格意义来讲，圆是弧的一种特殊形态，而无论什么样的弧

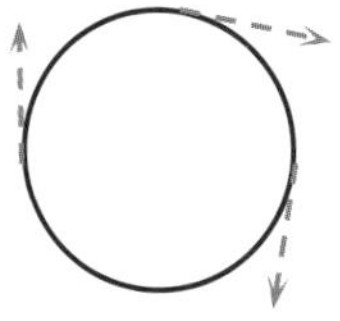

都可由无数个无穷小的直线构成，就像看似非常圆的烟囱，其实是用大量长方形的砖块砌成的，高等数学中的微积分就是建立在这种“圆→直”变化的基础之上。陈式太极拳充分吸取了“圆→直”的优点，在圆形或弧形运动中，可以随时直线发力，任何空间位置、任何关节部位、任何动作瞬间，都可以沿着切线方向，打出一种短促有力的弹抖劲。

圆弧的运动，可以将作用在圆弧上的来力，用最小的劲力巧妙地引化掉，是陈式太极拳“四两拨千斤”的秘诀所在。我们可以将作用力简化抽象为两类：$F_{\text{左}}$ 沿圆形平面由右向左的作用力和 $F_{\text{后}}$ 沿水平平面由后向前的作用力。当圆进行顺时针旋转时，会在接触点处形成与两力相垂直的作用力 $F_{\text{垂}}$。根据物理学力的合成原理，无论 $F_{\text{垂}}$ 力量多大或多小，都会因合力的作用，致使表面上看来两力离开原来的运动路线，$F_{\text{左}}$ 将会向上，

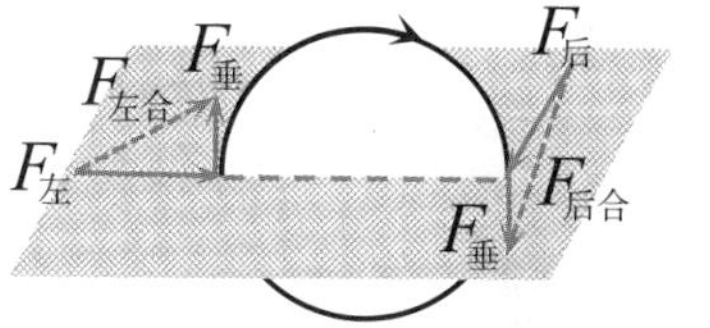

$F_{\text{后}}$ 则会向下自然偏转。$F_{\text{垂}}$ 就是所谓的“四两”，而 $F_{\text{左}}$、$F_{\text{后}}$ 就是所谓的“千斤”。当然，这只是理论上的可能，在实际对抗中，如果“千斤”超过了人体的承受极限，“四两”就难以起到真正“拨”的作用，因此，不断训练自身承受“千斤”的能力，提升自己的体适能，是“四两拨千斤”的基础。

快速短距的圆弧运动，还可以充分发挥离心力和向心力的威力。离心力 $F_{\text{离}}$ 和向心力 $F_{\text{向}}$ 并非实际存在的力，向心力 $F_{\text{向}}$ 是诸多作用力形成的合力，而离心力 $F_{\text{离}}$ 则是一种虚设的惯性力。这两种力的大小用公式表示为 mv^2/r，m 表示对手身体或某一部位的质

量，v表示使对手身体或某一部位产生的运动速度，r表示圆弧的半径。因此，若想更好地使对手摔出或跌倒，在m一定的条件下，可以采取两种手段，一种是加快圆弧旋转的速度，一种是减小圆弧的半径，如自身的动作相对固定，则必须加快运动的速度。之所以要运用离心力和向心力，主要原因在于人体对直线方向的平衡能力相对较强，对旋转的平衡能力相对较弱，打直线比打圆弧的难度大得多。

人体的先天构型适合进行多种圆弧运动。肩关节、髋关节和桡腕关节可以做环转运动即圆周运动，肘关节、腕关节、手指关节、脊柱、髋关节、膝关节、踝关节及脚趾关节皆可做幅度不等的旋转运动即弧形运动，为陈式太极拳的圆弧运动提供了有力的支撑。比如，陈式太极拳在重心移动时要求“裆走后弧”，一部分是由我们膝关节的特殊运动形式决定的。通常条件下，膝关节在屈的过程中，股骨会小幅地向内旋转，在伸的过程中，股骨会小幅地向外旋转，在外形上好似从身后划了一条弧线。在练习陈式太极拳时，为顺应膝关节的旋转变化，移动重心时保持裆部的后弧运动是十分科学的，可以有效地避免膝关节的运动损伤。

故而，在习练陈式太极拳时，要十分注意圆弧线的运动规律，避免走直线、折线。

五、缠丝

缠丝是陈式太极拳内劲独具魅力的运动方式，也是陈式太极拳区别于其他太极拳的根本所在。“缠丝劲的运动方式是陈式太极拳的重要特点之一，也是陈式太极拳的精华所在……虽缠丝劲的方法很多，但在教人初练时，不必指出哪一部分是什么缠法，只分出正缠、倒缠即可，也就是顺缠、逆缠法。”[1]“太极拳缠丝法也，进缠、退缠、左右缠、上下缠、里外缠、大小缠、顺逆缠。而要莫非即引即缠，即进即缠，不能各是各着。”[2]

由此可以看出，缠丝堪称陈式太极拳的精髓，周身无处不缠丝。正确理解缠丝并且下功夫练好缠丝，是习练陈式太极拳登堂入室的不二法门。

关于缠丝的分法及称谓多种多样，沈家桢、顾留馨在《陈式太极拳》中将基础缠丝劲分为顺缠丝和逆缠丝，提出十二种缠丝劲别[3]的分类法。但依笔者的观点，基础缠丝应分两大类，第一类为“进缠”和“退缠”，第二类为“顺缠”和“逆缠”。第一类缠法，依据的是身体内部劲力运动的方向，凡是由丹田开始向外运动的劲，称“进缠”，反之为“退缠”。身体无论哪部分缠丝，必有“进缠”或“退缠”，否则就只能是原地踏步的画圈而已，好比滑丝的螺母，徒自空转无法进退，失去了螺母的功效。第二类缠法，依据的是身体外形关节的旋转方向，其方向的判定以丹田和右手、右腿为基准，由丹田向右手、右腿看，右手、右腿做顺时针的旋转运动叫“顺缠”，反之叫“逆缠”，左手、左腿与右手、右腿相反。“太极拳缠丝劲按其性能可以分为两种基本的缠丝：一种是掌心由内向外翻的顺缠丝……另一种是掌心由外向内翻的逆缠丝……这两类缠丝存在于太极拳

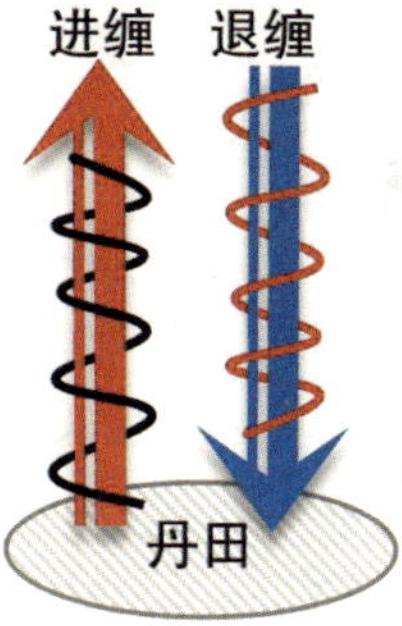

[1] 陈正雷：《陈式太极拳全书》，下卷，人民体育出版社，2008：469 页。
[2] 陈鑫：《陈氏太极拳图说》，山西科学技术出版社，2012：47 页。
[3] 沈家桢，顾留馨：《陈式太极拳》，人民体育出版社，1994：22 页。

的一切过程中，并贯串始终。”[1]

顺缠，既可以是进缠，也可以是退缠，逆缠亦如是。比如，陈式太极拳老架一路单鞭的动作，其第一动双掌前后交错，左掌顺缠向前为进缠，而右掌同为顺缠但向后为退缠。

缠丝与走圆画弧不是一个概念，动作走圆弧是几乎所有太极拳的共有特征，而缠丝仅仅是陈式太极拳的独有形式，其他太极拳类似的有抽丝劲，甚至有的太极拳完全抛弃这种运动方式，既没有缠丝，也没有抽丝。缠丝是肢体沿自身中心轴线或空间某一轴线旋转向前或旋转向后的运动方式，而圆弧则是肢体以某一点为圆心所做的圆周、圆弧运动，两者结合共同构成了陈式太极拳的运动特征。

至于缠丝与抽丝的区别，依我个人的经验和看法，缠丝与抽丝在总体外形特征上是一致的、相同的，但在关注点上有所侧重，缠丝侧重于劲在进退过程中的缠绕运动，抽丝则侧重于劲在缠绕运动中的进退过程。

[1] 沈家桢，顾留馨：《陈式太极拳》，人民体育出版社，1994：21 页。

第三节 基础功法

俗话说“基础不牢，地动山摇”，陈式太极拳在“招式临摹”阶段，至少要掌握五类基础功法或者基本功，依次为桩法、身法（或腰法）、步法、手法（或缠丝法）和脚法（或腿法），难度逐渐递增，要求层层提高。

一、桩法

桩法，顾名思义，是一种身体整体固定不动或特定部位仅允许在小范围内微小调整的练法，是陈式太极拳套路运动必须时刻保持的身形状态。其目的不外乎“三调”，即“调身、调息、调心”。“调身”旨在使周身顺遂、松沉中正、两脚生根，同时增强腿力、稳固下盘；“调息”旨在使呼吸自然、不憋气，不会因呼吸而破坏身体的松沉姿态，尤其是改变后天形成的胸式呼吸习惯，熟练掌握腹式呼吸的方法；“调心”旨在保持高强度运动条件下的稳定的较低心率，增强对身体各部位内劲运行及变化的感知能力。

根据陈式太极拳的套路拳式特点，将桩法分为三类：浑元桩、虚实桩和活身桩。

（一）浑元桩

浑元桩，又称混元桩，《云笈七签》说“混元者，记事于混沌之前，元气之始也”，等同于“无极”的概念。这种桩法要求人体重心居中，两脚平行，脚尖向前，略微屈膝，双腿平均用力，不分虚

实，两臂平举，身体自然立直，全身左右基本对称。

若仅仅依照浑元桩的基本概念，其站桩时的外形姿态多种多样、不一而足，不同太极拳流派的站法及要求也非完全一致，甚至有的表面上还相互矛盾，这都是十分正常的，外虽相斥，内实相通，不过是因拳法、理法有所区别而表现在桩法上而已。即便是陈式太极拳的浑元桩，许多老师的练法也不尽相同，这里仅提供一种站法参考，意在揭示浑元桩的本质，其他桩法亦同此理。

浑元桩对身体各部位的要求，可以概括为：一实、二齐、三活、四平、五屈、六领、七坠。

一实：足底实。包含三层含义。一是足底不留缝隙，足跟、足尖、足侧皆贴紧地面，保持足底与地面尽可能大的接触面积，增大足底的静摩擦力。物理学原理告诉我们，$f_{静\max}=\mu N_{压}$，最大静摩擦力$f_{静\max}$与摩擦系数μ和压力$N_{压}$成正比，站桩时由于没有外力，人体对地面的压力$N_{压}$是固定的，若要增大静摩擦力，只有足底贴紧地面，增大摩擦系数μ，才能实现。二是足底重心偏向足尖方向，大致位于前脚掌的中央。足底重心向足尖方向移动，可以使两脚与臀部在地面的投影形成一个面积尽可能大的倒三角形▽，身体的重心在该三角形内自由移动，扩大身体的稳定区域。三是足底的肌肉压力感明显增强，身体绝大部分的重量压在足底，足底左右、前后及拧转的阻力感强烈。

二齐：开步与胯齐，手腕与肩齐。浑元桩的开步大小并非一定遵循“与肩同宽”的法则，是可以动态调整的，由人体两胯的宽度来决定。胯分内胯和外胯，浑元桩的最大开步是两脚的内侧与对应的两外胯最外侧取齐，设定其宽度值为

W_{max}，最小开步则为双脚并立，即零距离，其合理舒适的开步大小应在 $0-W_{max}$ 之间。之所以要用胯来决定开步大小而不是肩的宽度，是因为当站桩时，上身的所有重量都通过两胯传导至脚下，胯以下的关节可以随脚而动态调整位置，两胯的宽度对个人而言是相对固定的，只有当两胯的垂直点落在脚上时，两脚才能利用地面的支持弹力撑住上身的重量，并完全消除因外撑而带来的向内静摩擦力，才可以最大限度地放松下肢的肌肉，否则，两脚底必然会存在地面对人体的向内静摩擦力，两腿为抵消该力还必须做一定的无用功。开步大小同时也决定了屈膝的角度，开步大屈膝角度大，开步小屈膝角度相应也小，只需注意脚底重心要在前脚掌中央即可。

站浑元桩时举手臂的目的之一是练习肩部的放松，使肩部用最小的肌肉力量将手臂抬起来，目的之二是培养气达手指的掤劲感。离开此二目的，举手臂与不举手臂皆可，将手置于腹前环抱会更加舒适。手臂上举的高度应保持手腕与相对应的肩取齐，在此位置，手臂与肩膀几乎成 90°，肩部所需的肌肉力量是最大的，放松肩部的效果是最好的，同时对气由肩向手指的运动也是最难的，对培养充足的气感是最佳的。

三活：脖颈活，腰胯活，臀部活。活，即灵活，站浑元桩时，要保持脖颈部、腰胯部和臀部的灵活，这几个部位不能因身体不动而僵硬，无论站多久，都要始终可以在一定范围内自由运动，尤其是臀部的灵活，不可因为泛臀太过形成翘臀，也不可因为泛臀造成腰部的硬挺，总之，要特别注意这几个部位的灵活状态。

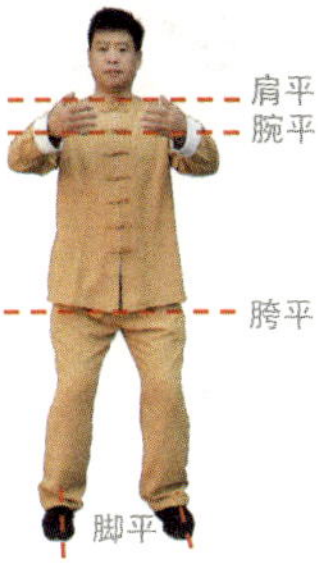

四平：肩平，腕平，胯平，脚平。两肩要平，不能出现一肩高一肩低，高低肩在许多习练者中普遍存在。两腕要平，不要一腕高一腕低。两胯要平，防止一胯升一胯降，或者两胯用力不均匀。脚平，两脚尖朝向正前方，两脚中心线形成平行线，脚底踏平地面。一些特殊身体结构的习练者，可以适当地进行调整。

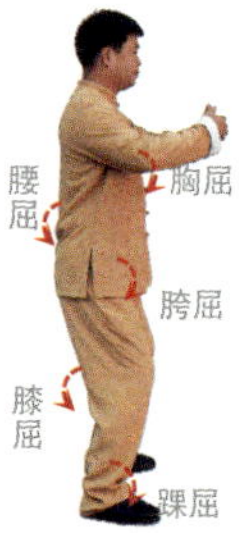

五屈：踝屈，膝屈，胯屈，腰屈，胸屈。我们的人体为克服重力的影响，从上到下形成了多处自然屈曲，比如脊柱的生理曲线。这些屈曲或向前屈，或向后屈，组成了类似于弹簧的缓冲结构，有效地保护了身体的安全。在站浑元桩时，要顺应这些生理屈曲特点，自然地在各关节部位建立串联的弹簧结构。在踝关节处，使小腿自然前倾；在膝关节处，使大腿放松下落；在髋关节处，使小腹前翻下坠；在腰骶关节处，使臀略微上泛；在胸椎处，使上腹内收下沉。如此，即可在全身上下形成五道屈曲或弯折，一方面确保重力能够沿体而下，另一方面又构成有效的弹力支撑。

六领：头领，两手中指领，两膝领，臀领。太极拳蕴含极其精微的矛盾理念，始终都在维持矛盾的动态平衡，在尽力保证重力向下、周身放松的同时，还要保证人体的正常运动不受干扰，向上的力量必不可少，这个向上的力量就是领。众所周知的“虚领顶劲”，就是头领，要求头部有一个恰如其分的向上力量，不大不小刚刚够将头部提起来。两臂在运动中，由于受重力影响，如果完全松弛、不着力，两臂根本就抬不起来，需要在最远端的中指指肚处施以一定力量，刚好将手臂运动起来，这就是两手中指领。膝关节在屈曲时承受的力量约为全身六至八倍，此处劲力万不可软，必须用劲领起来，才能摧动全身的动作，这就是两膝领。在腰以上身体下沉的同时，要用臀部上泛的动作微向上领劲，以减轻下部关节的压力，保证各关节的灵活自如，这就是臀领。有此六领，才能使身体在下与上、沉与领的矛盾中获得安舒。

七坠：两肩坠，两肘坠，两腕坠，胸背坠，腰腹坠，大腿坠，小腿坠。除领劲的部位外，其他关键部位一律竖直向下，与重力同向。两肩坠下（陈鑫在《陈氏太极拳图说》中使用“松下”“压下”“沉下”“塌下”“弹下”“搓下”等称谓，皆为向下之意）；两肘坠下，勿使肘尖向上翻起，若肘尖完全向下为0，肘尖水平向左或向右为10，则坠下为9，仅在站浑元桩时如此要求，套路中有肘向上的动作；两腕坠下，莫要用力向上；胸背坠下，即胸前膻中穴向下（非含胸），背后至阳穴向下（非拔背）；腰腹坠下，即气海穴和命门穴同时下坠；大腿坠，即大腿向下运动，有使膝关节进行屈运动的趋势；小腿坠，即小腿前侧向前微倾，有使踝关节进行屈运动的趋势。

在站浑元桩时，不必刻意强调呼吸的配合，也无需同步练习腹式呼吸，呼吸自然为最好。

（二）虚实桩

虚实桩，也称阴阳桩，是指两腿一虚一实，重心偏向一侧，双手的形态和位置非左右对称，身体自然立直的一种桩法，是陈式太极拳套路定式中最常见的一种形态。

按照陈式太极拳的基本步形，可以将虚实桩分为：偏马步桩、弓步桩、虚步桩、歇步桩、交叉步桩、仆步桩和独立步桩七类。在本阶段，仅需掌握前三种桩法即可。虚实桩的基本要求除四肢的形态位置及重心位置外，其他的要求与浑元桩基本一致，不再赘述。

偏马步桩：偏马步是陈式太极拳的一种特殊步形，是在传统马步（中马步）的基础上，身体冠状面与两脚连线形成的平面平行，重心偏向于左腿或右腿。重心偏左为左偏马步，偏右则称右偏马步。按重心在两脚连线上的位置，可分“二八步”“三七步”“四六步”等，比值越大越接近中马步，变化越灵活，比值越小对身体的柔韧性、腿部力量等基本功力的要求越高，难度越大。

右偏马步

左偏马步

偏马步桩，实腿的大腿与小腿屈度接近 90°，小腿在竖直的基础上微向前倾，使重心落在实脚的前脚掌中央，虚腿的大腿与小腿保持小角度屈曲，不得伸直，实脚中心线斜向前，与身体平面约呈 45°，虚脚中心线朝向正前方，与身体平面约呈 90°，大腿根部内扣相合，两膝微向外撑，内侧外侧用力均衡，保持膝盖上领劲力不丢。

弓步桩：弓步又称弓箭步，分前弓步和后弓步，又分左弓步和右弓步，根据陈式太极拳步形特点，还分正弓步和斜弓步。前弓步，以左腿前弓步为例，重心在左腿，左膝屈约 90°，左小腿竖直微向前倾，右膝亦保持屈曲状态不得完全伸直，左腿在身体冠状面的前方，右腿在身体冠状面的后方，左腿、右腿分别与身体中心线呈约 20°或 45°的夹角，20°夹角为正弓步，45°夹角为斜弓步，左脚脚尖微内扣 5°~10°，右脚脚尖亦内扣 20°~45°。后弓步，以右腿后弓步为例，重心在右腿，右膝屈约 90°，右小腿竖直微向前倾，左膝亦保持屈曲状态不得完全伸直，左腿在身体冠状面的前方，右腿在身体冠状面的后方，左腿、右腿分别与身体中心线呈约 20°或 45°的夹角，20°夹角为正弓步，45°夹角为斜弓步，左脚脚尖微内扣 5°~10°，右脚脚尖亦内扣 20°~45°。

左前正弓步桩　　右后正弓步桩　　右斜弓步桩

虚步桩：虚步分前点、侧点及左勾、右勾等多种，实腿与虚腿的重力分配比例为 9：1，是陈式太极拳十分常见的步形之一。前点虚步，虚脚前脚掌轻轻点地，虚脚位于实脚斜前约 20°方向，虚脚尖距离实脚尖约一脚半的步幅。侧点虚步，虚脚前脚掌轻轻点地，虚脚位于实脚一侧约一脚半的步幅，虚脚脚跟微外撇。勾虚步，虚脚脚跟着地，虚脚脚尖微内扣，因动作不同，其步幅大小可适当增减。

左前点虚步桩

右前点虚步桩

右勾虚步桩

左勾虚步桩

歇步桩：歇步是双腿交叉拧身盘坐的一种步形，后腿膝盖可以着地，也可以悬空。

左歇步桩

右歇步桩

交叉步桩：交叉步是一腿向另一腿后方斜向交叉的一种步形，又称背步。

左交叉步桩

右交叉步桩

仆步桩：仆步是一腿全屈另一腿平铺伸展的一种步形。在陈式太极拳套路中，比较典型的仆步有两类，一类是勾脚仆步，又称正仆步，另一类是扣脚仆步，又称侧仆步。

左正仆步桩

左侧仆步桩

独立步桩：独立步是一腿悬空的一种步形。

左独立步桩

右独立步桩

（三）活身桩

陈式太极拳套路中身体的姿态是灵活多变的，以直身最为普遍，少量特定的动作会出现侧身、倾身和拧身的情况，在一些器械套路和推手中会出现仰身的动作，而前述的浑元桩和虚实桩皆是以直身为基础，因此，不再单独论述直身桩，仅对其他四类进行说明。活身桩除了身体的姿态不尽相同外，其他要领与虚实桩基本一致。

侧身桩：指身体在冠状面进行左右侧斜的桩法，比如斜形。

倾身桩：指身体在矢状面向前斜的桩法，比如击地捶。

拧身桩：指身体以脊柱为轴，进行左右旋拧的桩法，比如老架一路的撇身捶。

仰身桩：指身体在矢状面向后仰的桩法，比如陈式太极单剑的白猿献果。

侧身桩

倾身桩

拧身桩

仰身桩

二、身法

身法，单指在直身和保持桩法的基础上，四肢不动，仅使身体按照陈式太极拳的套路规律进行运动的方法。先桩后身，无桩不身，关于桩法的部分不再说明，仅详述身体的运动规律。

陈式太极拳的基础身法分两类三种，两类是移动和旋转，三种是定身法、正身法和反身法。

（一）移动

移动，是陈式太极拳套路中身法的最基本形式之一，是指身体重心在空间位置上的变化，无论是因纵跳、调整步子、双膝的屈伸等何种方式引发的，本质上都可以归结为双膝的屈伸。故而，将因双膝的屈伸而引起的重心位置变化，称作身法的移动。横向运动时，左屈右伸叫左移，右屈左伸叫右移；纵向运动时，前屈后伸叫前移，后屈前伸叫后移。

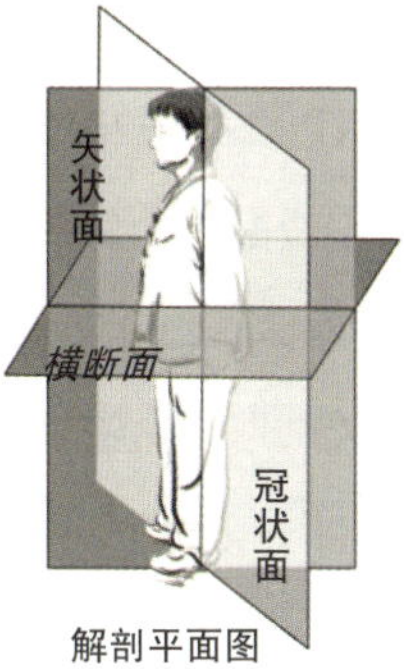

解剖平面图

从理论上看，身法的移动，在人体的横断面、冠状面和矢状面都可以进行，在每一个面上还可以进行弧线和直线的运动，而弧线又分上弧下弧、前弧后弧等，但实际上，由于陈式太极拳的一些基本要求限制，有些路线是不允许进行移动的，或者说一些路线在陈式太极拳套路中是不存在的。

初始态

左移

右移

初始态

后移

前移

横断面移动时，可能存在前弧、直线、后弧三条路线，但前弧和直线是必须避免的。主要原因有两点：一是膝关节的运动规律，二是人体的前后平衡特性。在“拳理铺陈”的“圆弧”一节中，简要地对膝关节的运动规律做了说明，膝关节在屈伸的过程中伴随着小幅度的旋转，屈时向内旋，伸时向外旋，膝关节屈伸的变化路线就是一段后弧线，因此，为了顺应膝关节的这种变化和最大限度地放松灵活膝关节，身体在移动时必须走后弧，也是减少膝关节运动损伤的机理所在。另外，由于人体的结构前后不对称，致使人体的向前的平衡能力较强，向后平衡的能力较差，走后弧更加有利于人体的平衡稳定，达到陈式太极拳支撑八面的技术要求，这也是推手竞技开始时双方选手保持身向前合、手向前伸的内在原理。

冠状面和矢状面移动时，存在着上弧、直线、下弧三条路线，但在实际套路中只能出现下弧线。走下弧线时，人体上身向下运动，产生一个向下的加速度$a_{下弧}$，该加速度如果大于重力加速度$g_{重力}$，就会在脚底产生大于人体本身重力的压力，进而地面会将这种压力反作用于人体，产生较大的整体力，这就是太极拳内劲的一种来源形式。而走上弧和直线，不仅不会形成这种增力的效果，反而可能会使力量减小，致使为了达到相同的目的，必须使用肌肉的僵劲拙力才能略有弥补，失去了太极拳以小搏大、以弱胜强的技术核心。

因此，在身法的移动中，应该走后弧和下弧，在“招式临摹”阶段，先不要急着去练下弧，应着重将后弧练对练好。

（二）旋转

旋转，是陈式太极拳套路中身法的另一个基本形式，是指下肢不动，上身以脊柱为中轴线，整体向左或向右所做的圆弧形运动。向身体左侧后方旋转叫左转，向身体右侧后方旋转叫右转。

右转　左转

（三）定身法

定身法，是指保持两腿固定不变，身体做左转或右转的运动方法。

初始态　右转　左转　右转恢复

（四）正身法

正身法，是指身体先向左（右）移，再向左（右）转，然后向右（左）移，再向右（左）转的运动方法，简单地说，就是向实腿侧后旋转的方法。

1 右偏马步　2 右转　3 左移　4 左转转正

5 左转

6 右移

7 右转转正

（五）反身法

反身法，是指身体先向左（右）移，再向右（左）转，然后向右（左）移，再向左（右）转的运动方法，简单地说，就是向虚腿侧后旋转的方法。

1 右偏马步

2 左转

3 左移

4 右转转正

5 右转

6 右移

7 左转转正

三、步法

“今夫四肢百骸主于动，而实运以步；步者乃一身之根基，运动之枢纽也。以敌应战、对战，本诸身。而所以为身之砥柱者，莫非步。随机应变在于手。而所以为手之转移者，又在于步。进退反侧，非步何以作鼓动之机，抑扬伸缩，非步何以示变化之妙。即为观察在眼，变化在心，而转弯抹角，千变万化，不至穷迫者，何莫非步之司命，而要非勉强可致之也。动作出于无心，鼓舞出于不觉，身欲动而以之周旋，手将动而步亦早为之催迫，不期然而已然，莫之驱而若驱，所谓上欲动而下自随之，其斯之谓欤！且步分前后，有定位者，步也。无定位者，亦步也。如前步进，而后步亦随之，前后自有定位也。若前步作后步，后步作前步，更以前步作后步之前步，后步作前步之后步，前后亦自有定位矣。总之，捶以论势，而握要者步也。活与不活在于步，灵与不灵亦在于步也。步之为用大矣哉！”[1]上述为陈长兴《太极拳十大要论》中的第九论步法，突出论述了陈式太极拳中步法的重要性。

陈式太极拳的基本步法共分五种：前进步、后退步、左开步、右开步和溜步，其方向有正有斜，落脚的部位有脚尖也有脚跟。

（一）前进

前进步，要求微提步向正前方约 20°（正进）或 45°（斜进）方向铲地蹬出，脚跟先着地，脚尖微翘且微内扣，而后重心逐渐移向前腿。当两腿交替前进时，在重心向前移时，前脚要微向外摆，再提后腿向前进步。

[1] 陈正雷：《陈式太极拳全书》，下卷，人民体育出版社，2008：444 页。

（二）后退

后退步，要求微提步向正后方约 20°（正退）或 45°（斜退）方向蹬出，正退时脚尖先着地，脚跟微外撇，斜退时脚跟先着地，脚尖微内扣，而后重心逐渐移向后腿，全脚踏实。

（三）左开

左开步，是向身体左侧平行移动的步法，开步时要求脚跟内侧先着地，而后再移动重心，开步腿不得伸直，需保持屈膝状态。

（四）右开

与左开步要求相同，唯方向相反。

（五）溜步

溜步，要求全程屈膝坐胯，左右脚交替连续不断地向前进步，进步时全脚掌着地。

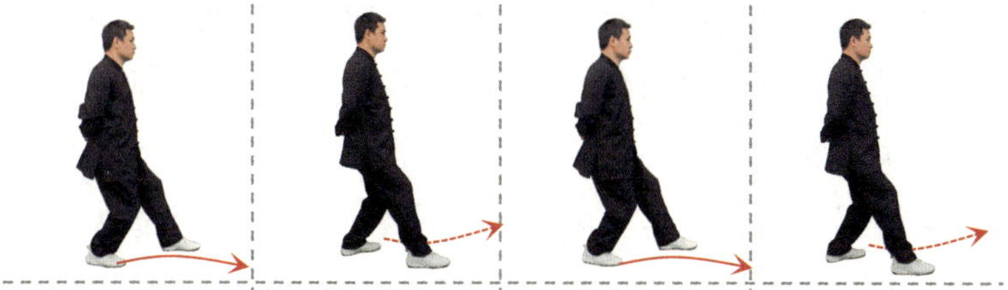

双手背于腰后，双腿屈蹲，左脚落于左前方，全脚掌着地。

重心移于左腿，右脚沿内弧线向右前方上步，全脚掌着地。

重心再移于右腿，左脚沿内弧线向左前方上步，全脚掌着地。

重心移于左腿，右脚沿内弧线向右前方上步，全脚掌着地。循环往复。

四、手法

陈式太极拳的手形分三种：掌、拳、勾。

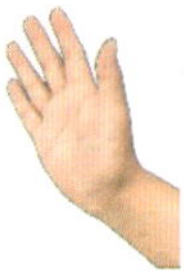

掌

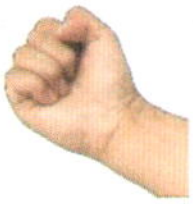

拳

勾

陈式太极拳的基本掌形为瓦垄掌。瓦垄，本义指瓦屋屋顶一行一行的瓦铺成的凹凸相间的行列，又叫瓦楞。瓦垄掌是指五指自然伸直，指与指之间微留缝隙，五指好比一列一列的瓦片，大指与小指两侧微向手心合拢，掌心微含，整个手掌形状酷似两头翘起的瓦片，故而得名。瓦垄掌便于做缠丝劲，以中指为轴，其余四指绕中指可以自然地顺缠和逆缠。

陈式太极拳的拳，要求五指蜷握，大指压在食指和中指的第二指节，在蓄力及运动过程中要五指松握，不得攥死，在发力的一瞬间，迅速握紧，而后再立即松握。发力的短暂瞬间握紧，是为了增强打击的力量，之后再松开，是为避免反作用力伤到自身，更好地将回力打散卸掉。

陈式太极拳的勾，要求五指指尖自然捏拢，手腕自然放松，不得故意用力弯折。

陈式太极拳的基本手法叫缠丝法，可用掌也可用拳。陈正雷老师将基本的缠丝分为五种（陈正雷著《陈式太极拳全书》），笔者则根据教学的实际，以左右偏马步为基本步形，结合身法的移动与旋转，对基本的缠丝又进行了整理和改编，分三类十二种，统称为十二缠丝法。

（一）单手缠丝

单手缠丝，是指单独用右手或左手所做的缠丝，因单手顺缠或逆缠时所运行的路线和方向不同，又分为正缠丝和反缠丝。

正缠丝，顺缠时走下弧，由身体外侧向身体中线运动；逆缠时走上弧，由身体中线向身体外侧运动。

反缠丝，顺缠时走上弧，由身体外侧向身体中线运动；逆缠时走下弧，由身体中线向身体外侧运动。

左右两手分别做正缠丝和反缠丝，形成四种单手缠丝：右手正缠丝、左手正缠丝、右手反缠丝和左手反缠丝。

1 右手正缠丝

右偏马步，左手叉腰，右手向右侧前掤，腕高与肩平，掌心斜向右。

裆走后弧，重心向左移，成左偏马步，右手顺缠走右下弧线，运动至右腹前，掌心向左。

腰向左转，右手继续顺缠走左下弧线，向上挤至身体中线，高度与肩平齐，掌心斜向上。

裆走后弧，重心右移，成右偏马步，右手逆缠走左上弧线，至右肩前，掌心朝向前方。

腰向右转，右手继续逆缠走右上弧线，右捋至身体右侧，恢复初始姿态。

2 左手正缠丝

左偏马步，右手叉腰，左手向左侧前掤，腕高与肩平，掌心斜向左。

裆走后弧，重心右移，成右偏马步，左手顺缠走左下弧线，至左腹前，掌心朝向右侧。

腰向右转，左手继续顺缠走右下弧线，上挤至身体中线，高度与肩平齐，掌心斜向上。

裆走后弧，重心左移，成左偏马步，左手逆缠走右上弧线，至左肩前，掌心朝向前方。

腰向左转，左手继续逆缠走左上弧线，左捋至身体左侧，恢复初始姿态。

3 右手反缠丝

右偏马步，左手叉腰，右手向右侧前掤，腕高与肩平，掌心斜向右。

裆走后弧，重心左移，成左偏马步，右手顺缠走右上弧线，运动至右肩前，掌心朝向左侧。

腰向左转，右手继续顺缠走左上弧线，上挤至身体中线，高度与肩平齐，掌心斜向上。

裆走后弧，重心右移，成右偏马步，右手逆缠走左下弧线，至右胯前，掌心朝向下方。

腰向右转，右手继续逆缠走右下弧线，右掤至身体右侧，恢复初始姿态。

4 左手反缠丝

左偏马步，右手叉腰，左手向右侧前掤，腕高与肩平，掌心斜向左。

裆走后弧，重心右移，成右偏马步，左手顺缠走左上弧线，运动至左肩前，掌心朝向右侧。

腰向右转，左手继续顺缠走右上弧线，上挤至身体中线，高度与肩平齐，掌心斜向上。

裆走后弧，重心左移，成左偏马步，左手逆缠走右下弧线，至左胯前，掌心朝向下方。

腰向左转，左手继续逆缠走左下弧线，左掤至身体左侧，恢复初始姿态。

（二）双手同向缠丝

双手同向缠丝，是指左右两手一个做正缠丝，另一个做反缠丝，两手的运动速率相同，在身前形成相同旋转方向的两个圆。运动中左右两手在两个圆的相应位置基本一致的叫同步缠丝，相差半圈的叫异步缠丝。

5 右正左反同步缠丝

右偏马步，双手上掤，右掌心朝外，左掌斜向上，掌指朝左。

腰向右转，右手逆缠、左手顺缠走右上弧线下按。

裆走后弧，重心左移，成左偏马步，右手顺缠、左手逆缠走右下弧线，捋按至右左腹前。

腰向左转，右手顺缠、左手逆缠走左下弧线上掤。

裆走后弧，重心右移，成右偏马步，右手逆缠、左手顺缠走左上弧线，恢复至原状态。

6 右反左正同步缠丝

左偏马步，双手上掤，左掌心朝外，右掌斜向上，掌指朝右。	腰向左转，左手逆缠、右手顺缠走左上弧线下按。	裆走后弧，重心右移，成右偏马步，左手顺缠、右手逆缠走左下弧线，捋按至左右腹前。	腰向右转，左手顺缠、右手逆缠走右下弧线上掤。	裆走后弧，重心左移，成左偏马步，左手逆缠、右手顺缠走右上弧线，恢复至原状态。

以左右缠丝的变化及同异步的形态，双手同向缠丝可以分为四种：右正左反同步缠丝、右反左正同步缠丝、右正左反异步缠丝和右反左正异步缠丝。

7 右正左反异步缠丝

右偏马步，双手外掤，左手在上高与肩齐，右手在下高与胯齐。	裆走后弧，重心左移，成左偏马步，右手顺缠走右下弧至腹前，左手顺缠走左上弧至中线。	腰向左转，右手顺缠走左下弧，左手顺缠走右上弧，于胸前交叉。	裆走后弧，重心右移，成右偏马步，右手逆缠走左上弧至右肩前，左手逆缠走右下弧至胯外。	腰向右转，右手逆缠走右上弧至右胯外，左手逆缠走左下弧与肩齐，恢复原状态。

8 右反左正异步缠丝

左偏马步，双手外掤，右手在上高与肩齐，左手在下高与胯齐。	裆走后弧，重心右移，成右偏马步，左手顺缠走左下弧至腹前，右手顺缠走右上弧至中线。	腰向右转，左手顺缠走右下弧，右手顺缠走左上弧，于胸前交叉。	裆走后弧，重心左移，成左偏马步，左手逆缠走右上弧至左肩前，右手逆缠走左下弧至胯外。	腰向左转，左手逆缠走左上弧至左胯外，右手逆缠走右下弧与肩齐，恢复原状态。

（三）双手异向缠丝

双手异向缠丝，是指双手同时做正缠丝或反缠丝，速率相同，在身前形成相反旋转方向的两个圆。

运动中左右两手在两个圆关于身体中线完全对称的叫同步缠丝，相差半圈的叫异步缠丝。

以左右缠丝的变化及同异步的形态，双手异向缠丝可以分为四种：右正左正同步缠丝（云手）、右反左反同步缠丝、右正左正异步缠丝和右反左反异步缠丝。

9 右正左正同步缠丝

左偏马步，左手外掤与肩齐，右掌置于右腹前，掌心向左。	腰向左转，右手顺缠走左下弧，左手逆缠，走左上弧下按。	裆走后弧，重心右移，成右偏马步，右手逆缠走左上弧至右肩，左手顺缠走左下弧至左腹。	腰向右转，右手逆缠走右上弧，左手顺缠，走右下弧上挤。	裆走后弧，重心左移，成左偏马步，右手顺缠走右下弧，左手逆缠走右上弧，恢复原状态。

10 右反左反同步缠丝

左偏马步，左手按于左胯旁，右掌置于右胸前，掌心向左。	腰向左转，右手顺缠走右上弧至中线，掌心向上，左手逆缠走左下弧外掤。	裆走后弧，重心右移，成右偏马步，右手逆缠走左上弧至右胯旁，左手顺缠走左上弧至左肩。	腰向右转，右手逆缠走右下弧，左手顺缠，走右上弧上挤。	裆走后弧，重心左移，成左偏马步，右手顺缠走右下弧，左手逆缠走右下弧，恢复原状态。

11 右正左正异步缠丝

1. 左偏马步，左手向左按，右手向右按，高与肩平。
2. 腰向左转，右手顺缠走右弧至右腹，左手顺缠走左弧至左腹。
3. 裆走后弧，重心右移，成右偏马步，右手逆缠走左弧至右肩外，左手逆缠走右上弧至左肩外。
4. 腰向右转，右手顺缠走右弧至右腹，左手顺缠走左弧至左腹。
5. 裆走后弧，重心左移，成左偏马步，右手逆缠走左弧，左手逆缠走右弧，恢复至原状态。

12 右反左反异步缠丝

1. 左偏马步，左手向左下按于左胯外，右手向右下按于右胯外。
2. 腰向左转，右手先逆后顺走右弧至右肩，左手先逆后顺，走左弧至左肩。
3. 裆走后弧，重心右移，成右偏马步，右手逆缠走左弧至右胯外，左手逆缠走右弧至左胯外。
4. 腰向左转，右手先逆后顺走右弧至右肩，左手先逆后顺，走左弧至左肩。
5. 裆走后弧，重心左移，成左偏马步，右手逆缠走左弧，左手逆缠走右弧，恢复至原状态。

五、脚法

陈式太极拳的脚型分七种：贴、摆、扣、撇、勾、绷、提。贴，是指全脚掌贴紧地面，脚跟、脚尖、脚内外沿皆与地面紧密接触的脚型。摆，是指以脚跟为旋转轴，脚尖向身体外侧旋转一定角度的脚型。扣，是指以脚跟为旋转轴，脚尖向身体里侧旋转一定角度的脚型。撇，是指以脚尖为旋转轴，脚跟向身体外侧或里侧旋转一定角度的脚型，向外叫外撇，向内叫内撇。勾，是指以脚跟为旋转轴，脚尖向上翘起的脚型。绷，是指以脚跟为旋转轴，脚尖向下压，脚背、脚踝向上顶起的脚型。提，是指以脚尖为旋转轴，脚跟向上提起的脚型。

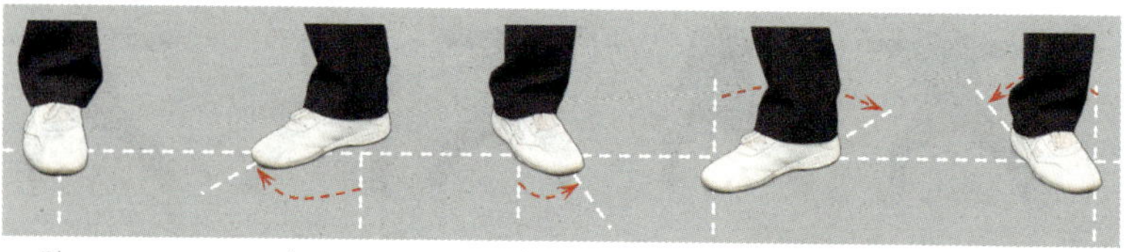

贴　摆　扣　内撇　外撇

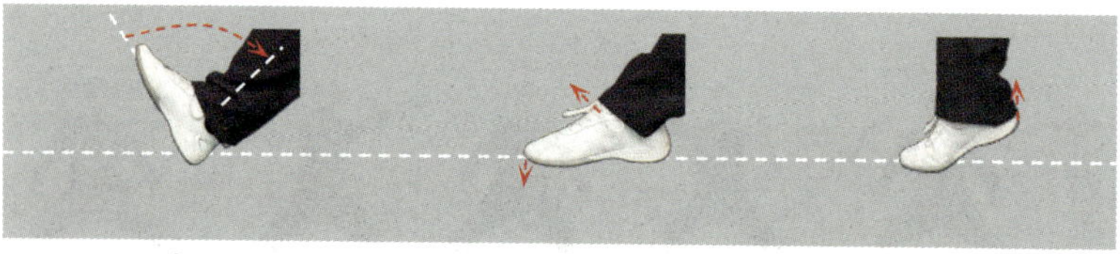

勾　绷　提

拳谚云："手似两扇门，全凭脚打人。"陈式太极拳的脚法（又称腿法）十分丰富，将脚的各个部位都进行了充分利用。踢用脚尖，用绷脚，向前向上快速弹踢，如右擦脚、左擦脚；踹用脚掌或脚跟，用勾脚，向侧面快速蹬踹，如左蹬一根、右蹬一根；里合用脚内侧，用扣脚，向身体的里侧上弧线扫踢，如旋风脚；摆莲脚用脚外侧，用摆脚，向身体的外侧上弧线扫踢，如双摆莲、十字脚；磨脚用脚跟、脚尖或脚掌，用扣脚、摆脚或提脚，以脚跟、脚尖或脚心为轴使身体旋转一定角度。此外，还有采用惊吓战术的震脚，用贴脚，如金刚捣碓、双震脚，以及连续用脚的招法，如踢二起等。

（一）擦脚

（二）蹬脚

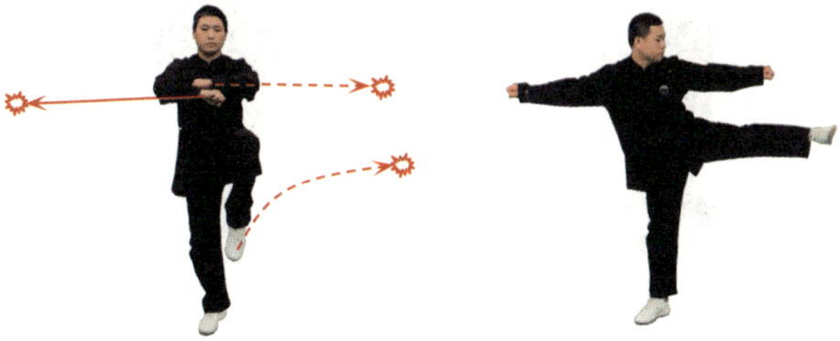

（三）震脚

双震脚

单震脚

（四）旋风脚

（五）摆莲脚

（六）磨脚

（七）二起脚

六、太极五步拳

太极五步拳，是在传统武术五步拳的基础上，按照陈式太极拳的风格特点，以五种基本步法“弓步、歇步、马步、仆步、虚步”为练习手段，结合掌、勾、拳典型手法，创编的一套适合初学者学习的陈式太极拳简化套路。

预备式

1 并步站立

双腿并立，两脚尖微外展，两臂轻贴于身体两侧。

2 双膝微屈

双膝微向下屈。

第1式 弓步穿掌

1 上步右掤

提左腿向左侧铲出，同时两掌先向左再向右前划弧上掤，目视左前方。

2 左按右穿

重心左移，变左弓步，左掌向下划弧按于左胯旁，掌心向下，右掌顺缠前正前方穿出，掌心向上，目视正前方。

第2式 歇步勾推

1 右按左掤

重心后移，右掌逆缠向下向后按，掌心向下，左掌逆缠上掤，目视左前方。

2 右勾左推

左腿后撤，在右腿后交叉；同时向右转动身体，盘坐成歇步，右掌变勾手，向右胯反勾，左掌顺势向右侧推出，目视左前方。

第3式 马步横打

1 左掩右收

向前出左腿，重心在右，左掌逆缠前推，右勾变拳收于右肋，拳心向上，目视左前方。

2 上步冲拳

右腿上大步，左转腰成右偏马步，左掌收于左胸前，掌心贴于身体，右拳向右侧立拳打出，拳眼向上，目视正前方。

第4式 仆步下势

1 左弓交叉

重心左移，左掌变拳向上逆缠，右拳向下顺缠，两拳交叉右外左内于左胸前，目视左前方。

2 仆步右拉

右拳逆缠向上，左拳逆缠向下，重心右移成左仆步，两拳拳心相对，左拳位于左膝内侧，右拳位于右太阳穴上方，目视左前方。

第5式 虚步穿拳

1 左弓上冲

重心左移成左弓步，左拳向上逆缠向正前方穿出，右拳向下顺缠收于右肋，拳心向上，目视正前方。

2 上步交叉

上右步前点，左拳不动，右拳继续顺缠上穿，交叉于左拳内侧，高与肩平，目视正前方。

收式

1 左转下按

向左转身，右脚外撇，脚尖点地，两拳变掌逆缠弧形下按于身体两胯旁，目视正前方。

2 并步站立

双臂收于身体两侧，右脚回收，直膝并腿，成立正姿势，目视正前方。

第四节 一式入阶

【**右手**】顺缠，向身体中线和心窝处弧线运动；**掌心**由下向斜向上旋翻；**掌指**由前向左前约45度方向变化；**腕**运至心窝高度止；**肘**内翻至二分；**臂**自然弧形屈曲。

【**身法**】保持中正；**双眼**平视，随双手运动，由正前方向左前方自然移动，眼看左手；**重心**随腰裆由中间向右侧移动。

【**左手**】逆缠，向左腿外侧斜上方推按掤出；**掌心**由下向左旋翻；**掌指**依然朝向正前方；**腕**运至左肩高度止；**肘**外翻至九分；**臂**自然形成弧形屈曲。

一阶·金刚捣碓

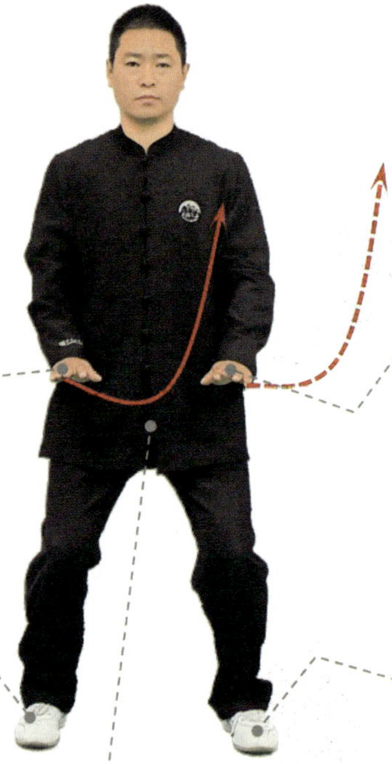

零

【**右脚**】**脚尖**朝向正前方；**脚掌**随重心右移压实地面；**膝**继续微屈；**胯**随腰裆右移，最后向下沉坐。

【**左脚**】**脚尖**朝向正前方；**脚掌**略微蹬拧地面；**膝**由屈变伸但不伸直；**胯**随腰裆先后缩再右移，最后向下沉坐。

【**腰裆**】先向左微转，而后再沿后弧线向右侧移动，成右偏马步。

〖**右手**〗逆缠，先向下弧线沉按，再向右侧弧线横向后捋，随身体转至右肩前；**掌心**由上翻至下，再翻至向外，朝向正前方；**掌指**朝向左侧；**腕**运至右肩高度止；**肘**外翻至八分；**臂**自然弧形屈曲。

〖**身法**〗保持中正；**双眼**平视，随双手自然运动，眼看左手；**重心**随腰裆由右侧向左侧移动。

〖**左手**〗顺缠，先向下弧线沉按，再向右侧弧线横向捋出；**掌心**由前向下再向斜上旋翻；**掌指**朝向左侧前方；**腕**运至左肩高度止；**肘**内翻至二分；**臂**自然弧形屈曲。

一阶·金刚捣碓

壹

〖**右脚**〗**脚尖**待重心完全移至左腿后，随腰裆右转，向上翘起并随之旋转 45 度；**膝**由屈变伸但不完全伸直；**胯**随腰裆先后缩，而后松沉下坐。

〖**左脚**〗**脚尖**朝向正前方；**脚掌**略下沉踏实；**膝**由伸变伸屈；**胯**随腰裆向左移，最后松沉向下坐。

〖**腰裆**〗先沿后弧线向左侧移动，而后再向右侧旋转 45 度，成右虚步。

一阶·金刚捣碓

贰

〖**身法**〗保持中正；**双眼**平视，眼看左手；**重心**随腰裆先沿后弧线向右腿移动，至完全落于右腿。

〖**右手**〗逆缠，向身体右侧短距弧线外掤；**掌心**由正前方向右侧旋翻；**掌指**由左侧向左前45度方向变化；**腕**依然与右肩同高；**肘**外翻至九分；**臂**自然弧形屈曲。

〖**左手**〗顺缠，向身体右侧短距弧线后捋；**掌心**由斜上旋翻至几乎完全向上；**掌指**由左侧前方向斜45度方向变化；**腕**依然与左肩同高；**肘**内翻至一分；**臂**自然弧形屈曲。

〖**右脚**〗**脚尖**正直下落；**脚掌**随重心右移压实地面；**膝**由伸变屈；**胯**随腰裆右移，再向后缩。

〖**左脚**〗**脚尖**先原地不动，待重心完全移至右腿后，离地提起，斜向下；**脚掌**略微蹬抒地面后，离地提起，向右小腿内侧贴近；**膝**由屈变伸但不伸直，向上领起，至高与胯平；**胯**随腰裆先右移，再后缩，最后下坐。

〖**腰裆**〗先沿后弧线向右腿移动，至重心完全落于右腿时，再向右微转，成右独立步。

【**右手**】逆缠，向右侧弧线横向短距后捋；**掌心**朝向正前方；**掌指**朝向左侧；**腕**运至右肩高度止；**肘**外翻至九分；**臂**自然弧形屈曲。

【**身法**】保持中正；**双眼**平视，随双手自然运动，眼看左手；**重心**随腰裆下沉落于两腿之间，偏于右腿。

【**左手**】顺缠，向右侧弧线横向短距后捋；**掌心**继续向斜上旋翻；**掌指**朝向左侧前方；**腕**与左肩同高；**肘**内翻至一分；**臂**自然弧形屈曲。

一阶·金刚捣碓

叁

【**右脚**】**膝**继续屈曲；**胯**随腰裆自然松沉下坐。

【**腰裆**】随左腿自然下沉。

【**左脚**】向左斜30度方向铲地滑出；**脚跟**内侧先着地，而后全脚踏实；**脚尖**先翘起，再落地，内扣45度，朝向左斜前方；**膝**由屈变伸但不伸直；**胯**随腰裆自然松沉下坐。

【**右手**】顺缠，先向下弧线沉按，再向左侧弧线前掤，落于右腿上方；**掌心**由前向下再向左侧旋翻，微翻向上；**掌指**朝向右大腿方向；**腕**运至右胯高度止；**肘**内翻至二分；**臂**自然弧形屈曲。

【**身法**】保持中正；**双眼**平视，随双手自然运动，先眼看右手，再眼看左手；**重心**随腰裆由右腿移至左腿。

【**左手**】逆缠，先向下弧线沉按，再向左侧上方弧线掤起；**掌心**由斜上向下旋翻；**掌指**朝向右侧；**腕**运至左胸高度止；**肘**外翻至八分；**臂**自然横折屈曲平落于左胸前。

一阶·金刚捣碓

肆

【**右脚**】**脚尖**待重心完全移至左腿后，贴地向内微扣；**膝**由屈变伸但不完全伸直；**胯**随腰裆先向左移，而后松沉下坐。

【**左脚**】**脚尖**随腰裆左转顺势向上翘起，并向左侧摆动，并随腰裆左移，下落踏实，外摆与正前方成约 10 度；**膝**由伸变屈；**胯**随腰裆先向后缩再向左移，最后松沉下坐。

【**腰裆**】先向右侧微转，而后向左侧转身，朝向正前方，再沿后弧线向左侧移动，成左前弓步。

一阶·金刚捣碓

伍

【右手】顺缠，随右腿上步向前向上弧形运动；**掌心**由斜向上旋翻至完全向上；**掌指**由右腿方向转至正前方；**腕**运至右胸高度止；**肘**内翻至一分；**臂**自然收折弧形屈曲。

【身法】保持中正；**双眼**平视，随双手运动，由正前方向左前方自然移动，眼看左手；**重心**随腰裆向左腿移动。

【左手】先向前向上逆缠掤出，再向后向下顺缠按回；**掌心**先由下向前旋翻，再向下旋翻；**掌指**依然朝向右侧；**腕**运至心窝高度止；**肘**先外翻至十分，再内翻至二分，再外翻至八分；**臂**自然横折屈曲，小臂抬平。

【右脚】沿内弧线，经由左脚内侧向斜前方虚步点出；**脚跟**离地；**脚尖**点地；**膝**先屈回再伸出但不伸直；**胯**随腰裆前移，最后下坐。

【左脚】**脚掌**踏实地面；**胯**先后缩，再松沉下坐。

【腰裆】向左旋转，成右虚步。

一阶·金刚捣碓

陆

〖**右手**〗先顺缠向上握拳，再逆缠下落；**掌心**向上变拳心向后，再翻拳心向上；**掌指**由前变握拳；**拳眼**先向右再转至向前；**腕**随拳上升至眼高，再下降至脐平；**肘**先内翻至一分再外翻至七分；**臂**自然收折弧形屈曲。

〖**身法**〗保持中正；**双眼**平视，随双手运动，由前向上再向下自然移动，眼看右手；**重心**不动。

〖**左手**〗顺缠下按；**掌心**由下旋翻至向上；**掌指**依然朝向右侧；**腕**运至小腹高度止；**肘**内翻至三分；**臂**自然横折屈曲，小臂抬平。

〖**右脚**〗**脚尖**虚点地；**胯**自然松沉向下坐。

〖**左脚**〗**脚掌**踏实地面；**胯**自然松沉下坐。

〖**腰裆**〗向右旋转，右虚步不变。

一阶·金刚捣碓

柒

〖**右手**〗顺缠向上，拳至眉梢；**拳心**由向上变向内；**拳眼**由前变向右；**腕**随拳上升至眼高；**肘**内翻至一分；**臂**自然弧形伸展。

〖**身法**〗保持中正；**双眼**平视，随双手运动，由下向上自然移动，眼看右拳；**重心**保持不动。

〖**左手**〗顺缠下按；**掌心**微旋翻依然向上；**掌指**依然朝向右侧；**腕**运至小腹中间高度止；**肘**内翻至二分；**臂**自然收折屈曲。

〖**右脚**〗向上提起；**脚尖**自然下垂，向左小腿内侧微扣；**膝**继续屈曲，高与胯平；**胯**松沉下坐。

〖**左脚**〗**脚掌**踏实地面；**胯**松沉下坐。

〖**腰裆**〗向左微旋转，成左独立步。

【**右手**】先逆缠再顺缠，沿身体中线弧线下落至左掌内；**拳心**由内变向上；**拳眼**由右变向前；**腕**随拳下落至左腕高；**肘**外翻至八分；**臂**自然弧形屈曲。

【**身法**】保持中正；**双眼**平视，随双手运动，由上向下自然移动，眼看右拳；**重心**移至两腿之间。

【**左手**】保持不动。

一阶·金刚捣碓

捌

【**右脚**】向下落地震脚（亦可轻落）；**脚尖**微向外摆10度；**脚掌**全部同时踏实地面；**膝**微伸但不伸直；**胯**松沉下坐。

【**左脚**】**脚掌**踏实地面；**膝**向下微屈曲；**胯**松沉下坐。

【**腰裆**】先向右微旋转，再下沉，成左偏马步。

一阶·金刚捣碓

玖

第二阶 松沉入地

“松沉入地”，是陈式太极拳套路进阶的第二个阶段，由最初的注重外形转向重点关注内劲，开始逐渐体会到周身的放松带来的沉重感，对“立身中正”概念的理解更加深刻，上身愈加放松，气息渐渐下降，沉于丹田，或者达于双脚，双腿受力增强，脚底与地面的压力感明显，是陈式太极拳传统套路练习中十分较劲、费力、耗时的攻坚阶段。

在第一阶“招式临摹”时，即使脱离老师的引领和指点，按照书籍、视频的讲解去练习，仍然会有较大的收获和进步，但是转入第二阶“松沉入地”后，从多年的教学经验来看，有必要找一位明师来指导提高。外形动作的学习难度不大，但是练拳时身上的感觉却因人而千差万别，一旦误入歧途形成难以纠正的痼癖动作，会给后期的正架带来无尽的麻烦，这也是老师们经常说的“学拳容易改拳难”。所谓的“改拳难”，不是难在使动作尽量做规范，而是身上形成的劲感很难改变。因此，寻找明师或良友来帮助自己形成正确的松沉劲感，是大有裨益的。

进入这一阶段后，对拳理的领悟将上升一个大的层次，着重弄清松与沉的关系、沉的目的等，练习的方法也需要相应地转变和增加。在第一阶段基础练习的不断巩固中，引入呼吸的训练，特别是了解并掌握呼吸的种类和陈式太极拳呼吸的运用，熟练运用增强沉劲的方法去强化练习，必要时还须借助其他人的力量或辅助的器械来完成。

松沉入地是一种形象的比喻，从身体感觉上好像将全身的力量引入地面之下，身体从上至下好似一个通道，内气可以循着这个通道自由运行。

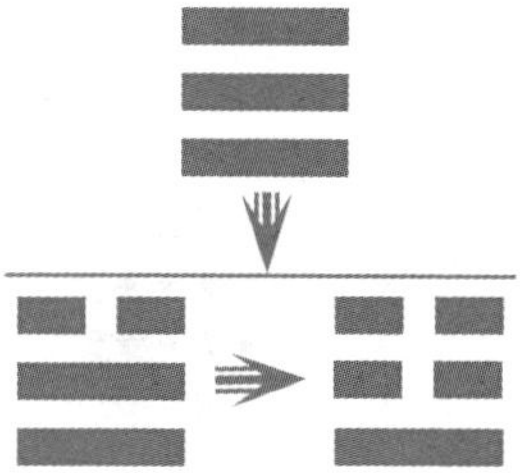

此阶段，人体的上节（手臂、肩、胸等）、中节（腰、背、腹、胯等）开始逐渐变得放松，僵硬度大幅降低，下节（下肢）由于沉劲的作用略显僵硬，大腿、膝关节、踝关节感受到巨大的压力，动作速度明显变慢，形象犹如八卦中的乾卦☰向兑卦☱和震卦☳逐次转化，“一阴九阳根头棍”，虽然上节、中节略为放松，但依然伴随着较强的僵劲拙力，需要一段时间的沉淀才能慢慢消解。

第一节 目标标准

这个阶段，目标是要了解并感受到周身各部位的放松和脚底的沉劲，身形的中正不偏，呼吸对身体姿态的影响，能够在全套动作中基本保持，具体的标准可概括为四个：立身中正、呼吸自然、关节放松、脚下生根。

标准		说明	达标
一	立身中正	身体保持“中正”的标准	★★★★☆
二	呼吸自然	保持呼吸的顺畅	★★★☆☆
三	关节放松	周身各关节要尽量放松灵活	★★☆☆☆
四	脚下生根	脚底有反弹的力量	★☆☆☆☆

一、立身中正

关于中正的概念，在第一阶的拳理中已做了详细的解释说明，不再重复论述。在这一阶段专门将“立身中正”作为一条硬性标准提出来，是由于在初始阶段重在学习动作，对中正的真正含义并不能完全领会，也很难做到身法的中正，往往会出现低头、哈腰、上拔、前冲、后倒等典型的错误身姿，尤其是低头的问题十分突出，需要在这一阶段予以解决。

在全套动作中维持身体的中正，是一个长期而艰巨的挑战，要重点解决头乱动的问题，学会眼神随动作而动，做到头随身转，还要着力解决因身体重心下降而向前倾身的问题，因单腿的提收而引起的身体上顶的问题。

此阶段，不可能奢求解决所有的身法中正问题，但是要解决掉大部分常见的外形上的毛病，最起码要改掉80%（★★★★☆）以上，内在劲力的中正不做苛求。

二、呼吸自然

呼吸自然与自然呼吸是两个层面的概念。练习陈式太极拳到这一阶段，双腿的承压猛然增大，许多人的呼吸会变得急促而不匀，这是未能掌握陈式太极拳的运动规律，非人为控制呼吸而形成的十分自然的结果，这就叫自然呼吸；而呼吸自然是适应了陈式太极拳的运动，通过恰当的方法和训练，使呼吸平缓、舒适、不间断。

要学会在呼与吸之间找到合理的节奏，控制好运动的幅度和频率，使心率稳定在一个相对低的水平，细心体会呼吸在运动时的规律，避免出现呼吸停顿、憋气、加速等现象。在一趟老架一路结束后，未出现明显的大喘气，方为基本合格。

此阶段，要保证不能因呼吸而造成身体中正姿态的变形，也不能因呼吸而引起挑肩架肘、挺胸仰头、弓背突腰等错误动作，做到 60%（★★★☆☆）以上基本满意。

三、关节放松

手指、腕、肘、肩、胸、背、腹、腰、胯、膝、踝等部位要尽可能少使用本身的肌肉力量，能保持基本的招式动作运行即可。

此阶段，习练者无法同时关注到如此多的部位，老师或辅助练习者在捏架时也不可能照顾到所有的部位，因此，要着重注意肩、背、腰、胯、膝等五个部位的放松。

肩不能耸，也不能侧顶，向前合不使肩后肌肉紧张，向后开不使肩前肌肉有明显拉伸感，同样不要故意向下用力压肩。除特殊动作外，两肩尽量放平，用力也要均衡，不能影响手臂的运动。

背要自然松直，不能向后凸，也不能向前凹，不要受“拔背”

的引导而用力向上提背，背部肌肉不要紧张用力，背部的至阳穴要有微微下坠之意。在练拳过程中，尤其要防止至阳穴向前冲或向后顶，避免吸气时至阳穴向上拔。

腰部命门穴要自然先前凹后下坠，形成标准的“塌腰”。塌腰的程度有深有浅，深浅的多少与身体重心的高低有关，身体重心越高塌腰的程度越浅，反之越深。因此，在整体套路练习中，“塌腰”不是一成不变的，要根据动作姿势的变化灵活调整。

胯部的放松最复杂、最难练。胯要微向后缩，后缩才能下坐，通常后缩是利用泛臀完成的。胯要下坐，不能有丝毫的向上拔起。胯还要微向里合，就是大腿根部向小腹方向小幅内旋。

膝要下屈，在落步的一瞬间，首先要松膝屈膝，屈膝时要先保持小腿不动，利用胯的下坐来完成。移动重心时，要用胯来发力，大腿推动膝关节下屈的运动，小腿是被动运动的，要避免小腿主动运动来带动膝关节由伸到屈的变化。

总之，各部位都要在最小肌肉力度的条件下自然运动，能够完成 40%（★★☆☆☆）以上，做到腰松和膝松就算合格。

四、脚下生根

脚下生根应该是中国传统武术最为普遍、最为重要的一项要求，不单为太极拳所独有。可以毫不夸张地说，只要是以站立技术为核心的武术种类，几乎都离不开脚下力量的运用，脚下生根是共同的追求，其要义就是找到地面对双脚的支撑弹力，以及地面对双脚横向、纵向和各种运动时的静摩擦力或动摩擦力。支撑弹力与摩擦力的感觉越强烈，脚下越稳，产生的整体力量越大。

当前阶段就是要找到地面对双脚的支撑弹力，感受到脚底强烈的压迫感。这种力与感觉十分难找，又难以量化，练习与指导的难度都很大，习练者只要有一定程度的感觉即 20%（★☆☆☆☆）左右，就可认为脚下有根了。

第二节 拳理铺陈

进入第二阶段，拳理的难度大幅上升，对陈式太极拳的理解进一步加深，注意力由动作的外形向内在的劲力或感觉转变，围绕“沉”这个核心，着力将陈式太极拳深层次的拳理弄清搞透，把一些看似神秘玄虚的功法运用进行科学化、思辨化，推动拳艺更上一层楼。

一、松与沉

在第一阶“招式临摹”的“松柔”拳理中，已经对“松”有了一定的认识。归结起来，所谓的“松”，就是身体各部位保持最小限度的肌肉力量，并能够维持陈式太极拳整个套路的运动，而“沉”则是“松”产生的一种效果。因此，松沉之间具有一定的因果关系，松是一种方法、一种手段，沉是松的结果。

当周身放松后，各部位的肌肉用最小的力量托起身体的重量，而身体的重量可以沿着筋骨结构向下直达脚底，脚底明显感受到身体下坠的力量。

从物理学上讲，无论是直立，还是屈膝下蹲，双脚所受的力是一定的，与身体所受重力相等，但从脚底的实际感觉上说，直立时双脚的承受力要轻得多。这是由于人体直立时依靠骨骼支撑，而骨骼具有刚体的特性，不具备弹性，此时，身体大部分的肌肉不需要做太多的功，人体就可以形成一个稳定的平衡系统，脚下的肌肉也无需多用力即可完成支撑。而当人体屈膝下蹲且未蹲到底时，由于踝关节尤其是膝关节以上的人体（简称上身）基本上依靠脚、小腿及大腿周边的肌肉来维持动态平衡，而上身受重力作用有向下运动的趋势，势必造成下部的肌肉不间断地做功来保持这种平衡状态，脚、小腿及大腿周边的肌肉需要持续地用力，因此，屈膝下蹲时脚底的受力感是完全不一样的。这种不一样的力感，就是所谓的沉劲。

二、千斤坠

大家或许听说过，也可能亲眼得见，陈式太极拳有一种叫作“千斤坠”的绝技，神乎其神，玄之又玄。抛开一部分表演和配合的成分，这种“千斤坠”的绝技是真实存在的，但不会像想象中的那样“无敌”，仅仅是沉劲的巧妙运用而已。如果你细心揣摩，足够用功，在短时间内也可以掌握这类技巧，一鸣惊人。

其实，陈式太极拳流传着四种绝技——“推不动”“拉不走”“抱不起”和“压不垮”，都是沉劲的实际应用，皆是“千斤坠”的外在表现，而我们见到或听到最多的，就是“推不动”。大家可以想象一下这样的场景：十至二十几个人排成一列共同推一个人，却无法撼动分毫，自身的队伍反而东倒西歪、无力抵抗，多么令人震撼啊！

有人将这种陈式太极拳的功夫叫作内功，认为只有练出了所谓的内功，才能具备这样的能力。这里所讲的内功应该就是所谓的沉劲。

那么“千斤坠”的沉劲究竟是怎样练出来的呢？其蕴含的科学原理又是什么呢？真正的谜底就在脚下。

让我们把人体简化为三段式机械结构，使上身竖直并与重力线重合，同时水平方向的外力 $F_{外}$ 作用在上身，此时周身的受力可以简化为“理想受力图”。腰部必须产生同样大小且方向相反的 $F_{腰}$ 才能抵抗住外力，前后脚必须产生相应的静摩擦力 $f_{后脚}$ 和 $f_{前脚}$，且还要满足 $f_{后脚}+f_{前脚}=F_{外}$，才能保持身体不被外力推动。此时，这些所有必须产生的力仅与受力者本身的基础体适能有关，腰部是否有足够的力量支撑，身体的重量是否能够产生足够大的静摩擦力。在如此条件下，当外力增大至一定程度时，受力者将因无法承受而被推动。

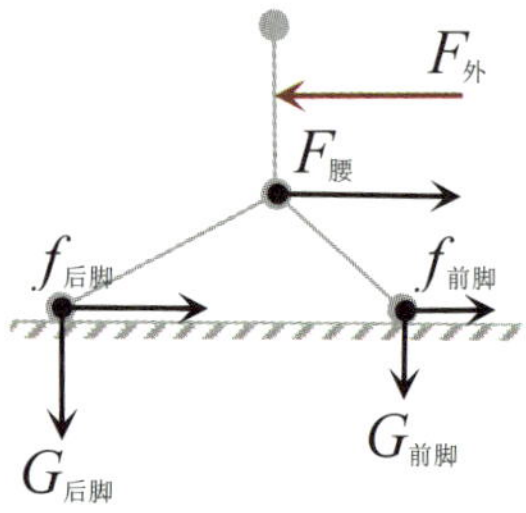

理想受力图

那么如何增加承受能力呢？答案就是身向前合、向下沉。当身体向前合时，上身与重力线形成一个夹角，同时利用人体肌肉与骨骼可以进行一定幅度的相互运动（骨肉分离），放松肌肉，使骨骼向下运动，即可将外力 $F_{外}$ 沿身体轴线进行分解，$F_{外分}$ 沿身体而下，在腰部形成一个沿身体向上的反作用力，与腰力合力抵抗外力，此时的腰力 $F_{腰}$ 比理想受力图的腰力要减小了一些，而分力沿两腿向下达于两脚时，两脚的摩擦力也因对地面的压力增大而增大，最后就达成了以较小的力量抵抗较大力量的效果，这就是“千斤坠”的基本原理。

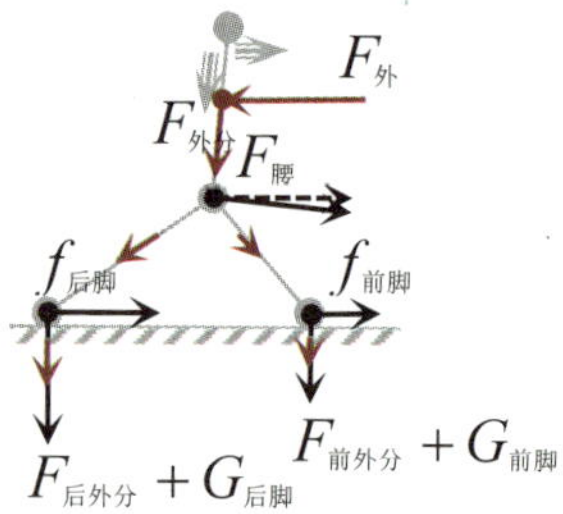

沉劲受力图

因此，“千斤坠”的效果如何，既要看受力者腰部的基础承受力，也要看骨骼向下运动时产生的沉劲能力，还要看自身的体重大小，当然还要看外力作用于身体的具体部位。

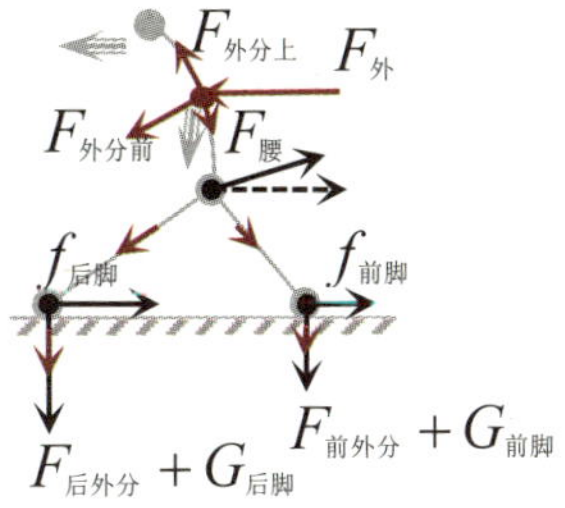

后仰受力图

如果外力作用在身体的偏上一点的位置，致使身体难以向前合和向下沉，“千斤坠”还会有作用吗？答案是肯定的，身体只需向后仰一定角度，亦可实现同样的目的。同样使骨骼与肌肉分开运动，肌肉带动外力 $F_{外}$ 向上，在延长外力的作用距离的同时，使外力分为向上的 $F_{外分上}$、向下的分力和朝向身体弧线圆心的 $F_{外分前}$，此时腰部承受的力量与 $F_{外分前}$ 大小相等方向相反，且明显小于理想受力图的腰部受力，脚下的摩擦力与沉劲受力图的相比略有减小，但依然可以大于理想受力图的。因此，在外力的作用点偏上时，利用身体的后仰依然可以起到“千斤坠”的神奇效果。

顺便说一下，利用沉劲的作用，将外力的一部分引入到脚底变为对地面的压力，进而增大脚底的摩擦力，就是陈式太极拳被人津津乐道“借力打力”中的“借力”，而利用肌肉的放松使外力向上或偏移方向，使外力的直接作用效果降低，就是“打力”，也可以叫“化力”。

以上，就是“推不动”的力学原理。依此分析方法，“拉不走”、“抱不起”和“压不垮”，都可以找到相应的物理学理论支撑。四项外在表现中，“千斤坠”的效果是不一样的，按照由易到难、由效果强到效果弱的次序，应该是“压不垮”“推不动”“拉不走”“抱不起”，其中“抱不起”是最难练的，至今为止，笔者也仅听人说过，还未曾亲眼得见，自身也没有练出来，十分遗憾。

但是，在绝对力量面前，上述的所有技巧都是徒劳，“千斤坠”因人体的承压能力也是有限度的，因此，在训练技巧的同时，还要不断增强自身的基础体能，强健腰部力量和腿部力量，才能提高“千斤坠”的使用效力。

三、对拉

不知从何时起，陈式太极拳兴起了一种“对拉劲”的理论，好像无“对拉”不太极，甚至套用太极的阴阳理论，强调有左必有右，有前必有后，有上必有下，不一而足，并将这种“认识”广泛运用到拳架套路上，影响了一大批太极拳练习者的观念。

有必要声明一下，“对拉劲”的概念是有科学依据的，但是在具体的含义及动作指导上，可能与一些人的“认识”存在一定的偏差。

“对拉劲”是指至少两个劲力向两个完全相反的方向运动，从形式上可分为两类：内劲（内气）的对拉和外形（动作）的对拉。两种对拉，在套路动作中始终同时存在，方向线路不一样，所起的作用也不同。

内劲的对拉，沿身体的筋骨结构，上下反向对拉，路线不止一条，也非直线，好似数根糅合在一起的橡皮筋，两端同时牵拉，下沉上领，将劲力运用得恰到好处，不前顶，不后缩，不歪斜，不失中，无过不及，不丢不顶，保持周身掤劲灌注，气路畅通。手臂的对拉，手指向上领起，腕、肘、肩部向下坠；上身的对拉，头向上领起，肩、胸、背、腹、腰向下坠；下肢的对拉，臀向上泛起，膝向上领起，胯、踝向下坠，脚向下踩；整体的对拉，手指向外向上领起，腰向下坠，脚向下踩。

外形的对拉，身体至少两个部位相对运动，形成两股力，方向相反，大小基本相等，但并不作用在一条直线上。这样的对拉，在整体的合外力上等于零，重心不会因用力而向前倾或向后倒，身体能够保持中正不偏，避免为对手所借用，同时在局部的效果上并未将力的作用完全抵消，反而会形成以重心为中心的旋转力矩。此力矩一方面可以进一步稳定自己的重心，另一方面可以作用于对方，使对方产生类似的旋转力矩，进而扰动对方的重心，使对方倾倒。反之，如果外形的对拉在一条直线上，两股相反的力相互牵扯，反而会弱化攻击的力量，也不会产生因旋转而带来的奇效。

四、圆裆

陈式太极拳对“腰裆劲”是十分重视的，没有“腰裆劲”一切都是空。在武术上，有“龙虎劲”的叫法。“龙劲”指的是脊柱劲，也可以叫腰劲，“虎劲”则是指骨盆劲，也可以叫裆劲。裆分前裆、后裆；裆劲有开裆、合裆和圆裆的区别。

裆，是指两腿之间的部位，以身体冠状面为界线，前部为前裆，后部为后裆。开裆与合裆是裆部的一对基本矛盾，前裆合则后裆开，后裆合则前裆开。合是指前裆（后裆）左右两侧向中间聚拢，开是指前裆（后裆）左右两侧向两边散开，开合一体，共同存在。裆部前后的一开一合，围绕裆部中央形如开扇合扇，好似在裆的外侧划了一个圆，因此又叫圆裆，此时的圆裆是在横断面进行的。在冠状面，两腿与裆部形成拱桥结构，当裆部下坠时，在裆部好像呈现一个圆弧形，因此也叫圆裆。

在陈式太极拳套路中，大部分的动作要求合前裆、开后裆，仅在个别动作和某些发力的过程中，短时间出现合后裆、开前裆。由于人体在前后的不对称平衡结构，合前裆更加有利于重心的稳定，这也是泛臀塌腰的原因。横断面的圆裆是随裆的开合自然形成的，而冠状面的圆裆则有利于下盘的稳固支撑。

五、开合

陈鑫老师极为重视开合在陈式太极拳中的地位和作用，“开合虚实，即为拳经”[1]，“一开一合，拳术尽矣”[2]，几乎将开合与阴阳相提并论，“学太极拳，学阴阳开合而已”[3]，“纵观太极拳中的各种阴阳关系如上下、前后、左右、起落、屈伸、往来、刚柔、虚实、卷放、蓄发……之中，无一不含开合，时时须开合，处处有开合。从基本功的顺逆缠丝劲，到拳架中的各个拳式，再从推手到散手，无一不以开合贯穿其中。一开全开，意气神形俱开，一合全合，意气神形全合。既能开之再开，也能合之再合。而又开中有合，合中有开，开合相寓，达到阴阳互济，参悟太极拳真谛，太极拳乃开合拳也”[4]，开合俨然成了陈式太极拳的另一种代名词。

那么应该如何用科学的语言正确地解释开合呢？简单地讲，开就是两个参考点之间的距离变大，合就是两个参考点之间的距离变小，两个参考点之间的距离并非绝对为直线，也可以为弧线或曲线，而直线可以看作一条曲率无穷大的曲线。据此，我们可以有这样一个基本结论，并非所有部位之间均存在开与合的关系，

[1] 陈鑫：《陈氏太极拳图说》，山西科学技术出版社，2012：75 页。
[2] 陈鑫：《陈氏太极拳图说》，山西科学技术出版社，2012：286 页。
[3] 陈鑫：《陈氏太极拳图说》，山西科学技术出版社，2012：1 页。
[4] 崔广博：《陈式太极拳教与学》，中州古籍出版社，2015：60 页。

开与合是同时存在与消亡的，既没独立的开，亦无孤立的合。单个参考点的运动无法构建开与合的概念，仅有方向的含义。只有至少两个参考点的相互运动，讨论开与合才有意义。

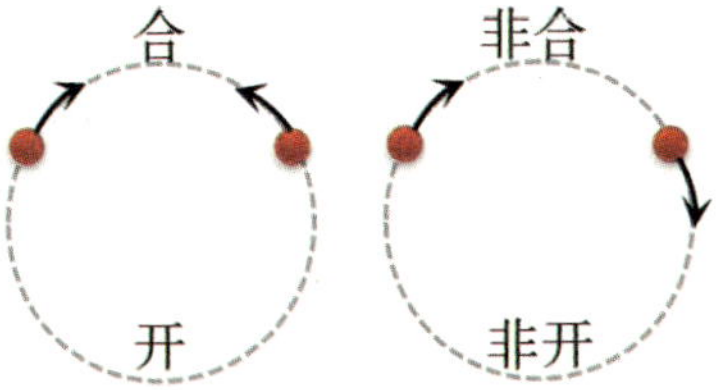

此外，合还有更深层次的含义。从武术的实战目的来讲，一切动作皆为合劲，它的基本意义是：身体所有部位为同一个技击目的所采取的协调一致的动作。比如，掩手肱拳这个招式，实战中是以右拳向前冲打为目的，但为增大右拳的前冲力，同时防止劲力过大而前倾，在冲右拳的同时还要向后拉左拳，形成前后相对运动的姿态，这就是左拳与右拳的合劲，但是在表面上却好像是相互远离的开劲。

“五脏即明，再论三合，夫所谓三合者，心与意合，气与力合，筋与骨合，内三合也。手与足合，肘与膝合，肩与胯合，外三合也。若以左手与右足相合，左肘与右膝相合，左肩与右跨相合，右三与左三亦然。以头与手合，手与身合，身与步合，孰非外合。心与目合，肝与筋合，脾与肉合，肺与身合，肾与骨合，孰非内合。然此特从变而言之也。总之，一动而无不动，一合而无不合，五脏百骸悉在其中矣。”[1]陈长兴的《十大要论》，其中只讲了合劲，并未论及开劲。因此，从纯武术的角度，陈式太

[1] 陈正雷：《陈式太极拳全书》，下卷，人民体育出版社，2008：443页。

极拳的所有招式，应全是合劲，而不存在所谓的开劲。

六、腹式呼吸

从人体生理结构上讲，一切呼吸都是肺的扩张和收缩，道家或道教所讲的气的“呼吸”与当前讨论的内容无关，在接下的拳理中会有详细论述。而呼吸的种类，则是根据直接或间接辅助肺呼吸的身体部位而划分的，通常分为胸式呼吸和腹式呼吸，极特殊条件下还可以分肋呼吸和背呼吸。

尽管区别了许多呼吸的方法，但各呼吸方法之间是有密切关联的，几种呼吸是同时存在的，很难孤立地进行某一种呼吸，只是因主要辅助呼吸的部位不同而已。比如，胸式呼吸时，也同时伴随着较为明显的腹式呼吸，背部和肋部也会有轻微的运动；而腹式呼吸时，腹部运动为主要的形式，胸部也会有一定的起伏，背部和肋部极为微弱。因此，无论哪种呼吸，都是强调以某个部位为主的呼吸方法，而不是否定其他呼吸的存在。

陈式太极拳通常采用腹式呼吸，只有在运动量极大、体能消耗较多时才同时附加胸式呼吸，在平时柔慢的套路练习时，几乎全程使用腹式呼吸。其原因有二，一是有利于气息的下沉，二是有利于重心的稳定。进行腹式呼吸时，有一个基本口诀，叫“吸气不过胸”，就是当吸气到一定程度，感觉膈肌快要上升到胸口膻中穴时，马上转入呼气，避免胸腔的明显扩张，这样会造成一种气息始终在腹部流转的感觉，进而不会引起挺胸、耸肩、架膀等诸多拳架上的毛病，这就是气沉丹田。此外，由于人体的重心位于腹部中间，腹式呼吸需氧量较少，腹部的运动不会带来重心的大幅度变化，可以有效避免顶胯、顶腰等问题，尤其在推手对抗过程中，腹部的运动不会带来重心的明显变动，动作相对隐蔽，不易为对手察觉，以免露出破绽、失去先机。

腹式呼吸可分顺腹式（正腹式）和逆腹式（反腹式）两种：顺腹式呼吸，是指呼气时收腹、吸气时鼓腹的呼吸方法；逆腹式呼吸则相反，是指吸气时收腹、呼气时鼓腹的呼吸方法。两种腹式呼吸法，顺腹式呼吸常用于初学陈式太极拳时，练习起来比较容易，而逆腹式呼吸由于难以控制气息的上升，常常会引起胸部的挺起和挑肩架肘，掌握起来十分困难，需要一段时间的练习才能熟练运用。

根据腹部的结构形态，又可分为整腹式、单腹式和错腹式三类。腹部以肚脐神阙穴为界，上为上腹，下为下腹或小腹。所谓整腹式是指在腹式呼吸时，上腹和下腹整个腹部一起做收和鼓的动作；单腹式是指上腹的单独收鼓和下腹的单独收鼓；错腹式是指上腹收时下腹鼓，上腹鼓时下腹收。当然，也可以将腹部分为左右两部分，左腹或右腹，同样也可以进行单独和交错的腹式呼吸，在这里不再详述，到第五阶“丹田内转”时再讲。

根据多年的练拳经验，若想使拳架放松自然、稳重大方、连绵不断，最好的方式是采用错腹式呼吸法。错腹式呼吸又可以采取顺腹式或逆腹式，顺腹式时，意念放在上腹部，主动呼被动吸，呼气时主动收上腹，此时下腹微鼓，然后放松上腹自然完成吸气，此时下腹微收。逆腹式时，意念放在下腹部，主动吸被动呼，吸气时主动收下腹，此时上腹微鼓，然后放松下腹自然完成吸气，此时上腹微收。因此，错腹式呼吸的顺、逆其实是相同的运动，区别在于上腹主动还是下腹主动，两种方式在陈式太极拳练习中均可采用。

关于呼吸时使用鼻腔和口腔的问题，不用太过于纠结，因时制宜即可。当练拳的运动量较小时，心率保持在120次每分钟左右时，不需要用口腔呼吸，尽量用鼻腔呼吸，这样可以延长运动的时间，同时也可以保持身体最大限度的放松。当练拳的运动量较大，心率突破至130次每分钟以上时，特别是达到140次每分钟时，鼻腔呼吸就难以达到所需的氧气量，必须采用口腔呼吸。总的原则是，能用鼻腔呼吸就不用口腔呼吸，尤其是在发力时，如果能用鼻腔呼吸发力，就尽量不用口腔呼吸发力。口腔呼吸容易引起心跳加速，进行无氧训练时，可以采用，练习陈式太极拳老架一路不建议使用口腔呼吸，练习陈式太极拳老架二路时可以根据自身身体条件适当辅以口腔呼吸。

七、丹田与气

丹田与气，古老而神秘，历经千年，著述繁多，被道教推崇备至，中国传统武术特别是以太极拳为代表的内家拳术，更是以之为内功的核心，修炼的方法各种各样，内涵的理解也千差万别，一直延续至今，经久不衰。

那么该如何阐释其概念与作用呢？

丹田是修道之人对产生内丹场所的称谓，有上丹田、中丹田、下丹田三种说法。最早的丹道家是修炼外丹的，就是使用铅和汞在炉鼎中烧，最终形成一种物质，现代称为汞齐，古时称为仙丹、长生不老丹，是一种剧毒的东西，丹道家炼外丹以求长生的方法行不通了。因此，丹道家又开始寻求修炼内丹，就是把人的身体比作炉鼎，用心精为铅、肾精为汞，在身体内部修炼丹药，而最终丹药凝结的场所，就是丹田。认为在人脑中结丹的，就是上丹田；认为在人胸中结丹的，就是中丹田；认为在人腹中结丹的，就是下丹田。

太极拳的丹田就是指下丹田，从现代科学角度来看，下丹田的位置正好是人的重心所在，所以，太极拳丹田的运用，其实就是感知重心所在，调整重心的方法，同时也是连接身体上下的中枢，承担劲力的传导和协调周身动作的重任。

气是古人在对宇宙规律探索的过程中，形成的一种朴素唯物的认识。很早的时候，中国的先人就开始了对宇宙的研究，认为在看似空空如也的太空中，应该充满了某种物质，正是这种物质摧动宇宙万物的运动，这种物质就被定义为“气”。在中国传统文化里，“气”有三种写法，“炁、气、氣”，而第一种“炁”就是指的先天之气，第二种“气”是呼吸之气，第三种“氣”是五谷之气。后两种容易理解，都是人体生命之所必需，而第一种“炁”，从现代物理学的概念来看，应该类似一种能量场，比如引力场。现代量子力学有一种理论，叫量子纠缠理论，就是说两个量子一旦确定了某种联系，即便将其分开万里之遥，一个量子形态的变化会迅速影响另一个量子的形态，这种影响也类似于两个量子之间有“炁”连通。

在太极拳中，当丹田一动时，可以迅速影响到身体各个部位，身上有一种麻麻胀胀如流水的感觉，我们就把这个感觉叫作气的运动或气感。

气由丹田生，丹田是气生发和运转的场所。陈照丕先师在《太极拳理论十三篇》说：“什么是丹田气？丹田气是先天自然之气。每人都有呼吸，在母体未出生之前，随其母亲的呼吸，十月怀胎期满降生时，开始了自己的呼吸，他的呼吸就是从脐带小孔里出来的气，就是他自己的呼吸，这脐带收到肚脐下边，命门旁边有个小孔，这个小孔里出来的气就是丹田之气，如果这小孔内出来的一线之气不断，人身无火能使遍体皆温，无水能使五脏皆润，如果这小孔内出来的气稍有停滞，人就会生病，医生可以治疗，打太极拳也可以引导这一线之气越流越旺，这一线之气就不会停滞，人就不会生病，这就是过去有人说医生治病，太极拳治本，如果这小孔的气一断，神仙也不能救啦。”[1]

因此，陈式太极拳所讲的气，是身体中原本就有且处于不断生发和消耗状态，无形无态却可以感知其存在，可以通过太极拳的动作进行驾驭，能人为降低消耗，不断建立新的气量平衡，不断充实气海，培养强劲气感。

气感的有无、强弱与沉劲的大小或质量高低息息相关，通过此阶段的练习，在手指肚上会产生一定强度的气感，发麻发胀，有明显的牵拉感。

八、大小周天

周天本原说。周天，原本是中国古代星象学中的一个术语，指的是某一天体环绕另一天体运行一周或一圈的时间，此处的“周”就是一圈的意思，“天”就是天体运行的时长。如对地球自转来说，地球的一周天为十二个时辰 24 小时，对太阳来讲，地球绕太阳公转一周天为一年 365 天有余，不同的研究对象，周天的时间长短也不一样。大小周天，则是相对两种周天之间的一种比较而言，如地球自转与地球绕太阳公转相比较，前者时间短为小周天，后者时间长为大周天，其余类似，大与小是相对而言的。

[1] 陈照丕：http://www.360doc.com/content/16/0503/09/1440676_555808138.shtml。

周天中医说。将周天的概念类推至人体，演化为中医的大小周天说。中医的大周天，是指气血沿十二经脉循行一周的时间，而中医的小周天则指气血沿任督二脉循行一周的时间。关于大周天的运行路线不做过多阐述，重点对小周天的路线做一下说明。《黄帝内经·灵枢·营气篇第十六》："营气……它的支脉，从鼻的内窍上行额部，沿头顶中央，下行项中，沿脊柱，入至骶骨部，这是督脉循行的通道。由此再通过任脉，向前环绕阴器，向上经过阴毛内部，入于脐中，再向上沿腹内进入缺盆，又向下流注于肺脏……"[1]可见，中医认为，任督二脉的循行路线为"督脉下行""任脉上行"，其小周天运行的规律为前上后下或任上督下，这与熟知的导引吐纳术是完全相反的。按中医的理论，正常人的经络是完全连通的，气血的运行也是畅通无阻的，"督脉下行""任脉上行"是身体的固有规律。

周天太极说。陈式太极拳大小周天的概念，则有很大的区别。师父陈正雷曾教导道："陈式太极拳的大小周天，气沉丹田为小周天，气贯周身为大周天。"所讲的大小周天概念，与中医经络周天略同，但修炼的方法特别是小周天追求"气贴脊背"沿督脉而上，沿任脉下降"沉于丹田"。因此，在练习陈式太极拳时，只做到"气沉丹田"还不够，仅仅是打通了小周天而已，还要做到"气沉脚底""气达手指"等，才能称得上打通了大周天。

九、十一折法

练习松沉，要着力体会人体十一处弯折，即脚折、踝折、膝折、胯折、腰折、胸折、肩折、肘折、腕折、掌折、指折。

[1] 张云昌等：《白话黄帝内经》，河北人民出版社，1995：639页。

脚折：当脚放松时，脚趾和脚跟会自然向脚心弯折，但是松沉入地要求将身体的重力压在脚底，脚底与地面尽量贴紧，做到脚尖、脚跟、脚内外侧不离开地面，脚如果保持放松，就难以做到以上要求，此时反而脚要反向弯折，使脚心降低，才能立地生根、稳如泰山。

踝折：向下松沉时，放松踝关节，小腿胫骨向脚尖方向稍微倾斜，形成踝关节的主动弯折，即可将身体重心调整至脚底。

膝折：在保持小腿胫骨位置基本不变的条件下，使大腿股骨向下沉降，加大股骨与胫骨的弯曲度，形成“大腿小腿夹委中”之势，又叫屈膝。

胯折：在保持大腿股骨位置基本不变的条件下，小腹有意识地向身前弯折，胯向身后微缩后下坐，大腿与小腹的夹角变小，又叫坐胯。

腰折：臀向后微泛起，腰部命门向下坠，与臀部形成对折之形，又叫塌腰。

胸折：膻中穴微向后向下，前胸与腹部在膻中穴处对折，又叫含胸。

肩折：肩井穴向下沉坠，肩胛骨与锁骨在肩井穴位置形成对折，又叫沉肩。

肘折：小臂与大臂向内弯曲，又叫坠肘。

腕折：保持小臂位置基本不动，手掌向手背方向折起，又叫坐腕。

掌折：手掌根部与手指同时向掌心方向微折，叫吞掌，反向微折，叫吐掌。

指折：手指关节越向掌心方向弯折，手指越放松，但是与脚折类似，在手指部位要将劲力贯串起来，就必须反向弯折，手指向掌背方向微微反折，手上之劲立即领起。

第三节 基础功法

关于放松的方法与练法比较多，而练习沉的方法却甚少。大多数人都是强调用放松的方法去逐渐增强沉劲感，或者干脆将沉劲视为一种极为难练的内容，松劲易求，沉劲难得，认为需要长时间的功力积累才能有所成效。但是，只要找对路子，沉劲其实是可以很快练出来的。

共有三种方法可供选择——呼吸法、颠颤法、捏架法。其中呼吸法为自主练习法，颠颤法为自我检验法，捏架法为他人辅助法。三种方法的练习过程没有先后之分，练习者可以根据自身实际情况选择适合的方法。

一、呼吸法

不对称是宇宙万物的常态，对称反而是极为特殊的情况，呼吸也不例外。在陈式太极拳套路练习中，动作与呼吸的配合虽然十分必要，但并非要完全严格地遵守某一种法则，比如“上吸下呼”，去盲目追求所谓的“呼吸规律”和呼吸的完美对称，而是应该根据动作的特点，灵活地调整呼吸的形式、强弱、周期及频次等，保持呼吸的自然顺遂。

实践证明，呼吸对松沉的影响是很大的，吸时由于肌体获取养分，周身大部分的肌肉常常处于紧张状态，身体容易上顶，很难保持放松，而呼时因肌体需排出废物，绝大多数的肌肉处于放松状态，有利于沉劲的获得。此外，当发力时，呼气可辅助增强发力的效果，而吸气时的发力，除非经过特殊的训练，否则难度极大。

意识上要主呼辅吸，要建立以呼为主、以吸为辅的练拳观，在不影响正常获取空气能量的基础上，以最小的限度来吸气，有意识地突出呼气的动作，使身体在呼气的过程中放松下沉。强度上要重呼轻吸，呼气时，可以故意重一点，使自己能够明显听到呼气的声音，吸气时，要尽量控制音量，不能明显察觉到吸气的动作。时长上要长呼短吸，要主动延长呼气的时间，缩短吸气的间隔。节奏上要动呼静吸，使肢体在运动中时尽量用呼气，而处于定势或动作缓慢时转用吸气。总之，呼为松沉之助，吸为松沉之害，呼时扎根，吸时拔根。

双手向左上掤起时，用呼气
到位后，用吸气

提腿时，用呼气
到位后，用吸气

同时向上冲拳和提腿时，用呼气
到位后，用吸气

身体重心上移时，用呼气
到位后，用吸气

具体的练法分三步。第一步是呼气上升，单独练习所有上升动作时的呼气。第二步是呼动吸停，所有动作在运动时采取呼气的方式，吸气时停止一切运动。第三步是呼多动吸少动，所有动作在运动时先采取呼气再吸气的方式，呼气时间较长，吸气时间较短。

三步练法仅仅是通过调整自身的呼吸，使呼吸不会破坏身体的重心稳定，待练习纯熟后，即可转入自然呼吸，不必时刻强调呼吸与动作的配合，一切以舒适顺遂为标准。

二、颠颤法

颠颤法，是指练到某一动作时，暂时停止运动，保持固定的姿势，身体先向下沉坐，再自然向上回弹，如果各个关节足够放松，上下的弹动会经历数个回合，犹如弹簧的阻尼振荡一样，在阻力的作用下振幅逐渐变小，直至静止下来，恢复原来的姿势。

颠颤时，要保持踝、膝、胯和腰部的放松，四个部位要像装了弹簧一样，具有一定的弹性，越放松弹性越强，颠颤越自然，弹动的回合数也越多。颠颤可以检验腰以下各关节的放松程度，也可以判断自身的下沉幅度。通常来讲，下沉幅度越大，可承受的外力越大，周身掤劲越足，引进与化劲的空间越广。

1.偏马步颠颤

2.弓步颠颤

3.虚步颠颤

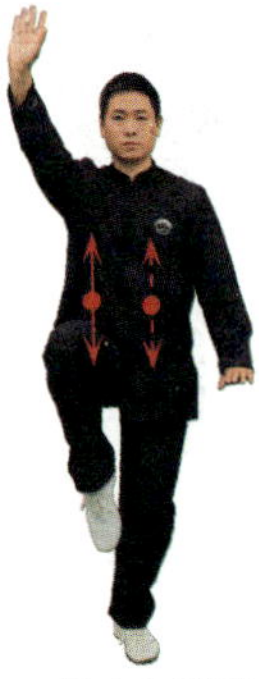
4.独立步颠颤

在使用该法时，不可强行用力下沉，或者用力向上回弹，也不能下沉后不回弹，致使身姿越来越低，双腿无法承受强大的压力。下沉时，要注意利用自身重力，先松开踝，再松开膝，继而松胯，最后松腰，为上身的下沉腾开活动的空间，在自身重力的作用下，身体自然下沉。回弹时，要有效利用下沉时产生比自身重力略大的脚底支撑弹力，按脚、踝、膝、胯、腰的顺序将力传导上来，推动身体上升。回弹至顶点后，由于各关节还处于放松状态，身体又在重力作用下再次向下运动，形成多个回合的上下弹动，直到弹动结束。

需要强调的是，颠颤时身体的基本姿态不能改变，颠颤结束后，身体也必须恢复原来的状态。

三、捏架法

捏架，是陈式太极拳传统教学中的不传之秘，外行看的是形，内行感觉的是劲，其效果显著与否，完全靠捏架老师的功力水平，既需要对陈式太极拳的拳理领悟很深，也需要大量的、不同人的捏架实践，非短时间内可以得其精髓，不建议初学者去模仿、去学习。

捏架的目的，主要是通过手部的感觉，感受被捏架者劲力是否松沉，身体是否中正，是否犯了顶劲，等等。

捏架可以采取定势捏法，也可以采取动势捏法。定势捏法，是指被捏者保持固定的动作姿势，由捏架者将身体各部位摆到正确的位置上，可以捏的点位较多，无论身体的哪个部位都可以捏。动势捏法，是指被捏者在拳架运动中，由捏架者纠正错误动作和劲力。可以归纳为“六点位捏架”：腰（命门穴）、背（至阳穴）、双肩（肩井穴）、双胯。一般使用双手，两手各捏一个点位，最多可同时捏到三个点位。定势捏相对容易，动势捏则十分考验捏架者的功夫，但动势捏见效更快。

（一）捏腰背

背面

正面

方法：左手四指轻按左肩，左大指轻抵背（至阳穴），右手大指轻按腰（命门穴）。

要领：左手四指控制肩不得向上耸起及向一侧歪斜，左手大指控制后背不得向后凸起，右手大指控制腰向下塌坠，不得向上顶起。

（二）捏双肩

背面

正面

方法：左手轻按左肩，右手轻按右肩。

要领：双手控制双肩不得向上耸起及向一侧歪斜，保证两肩要平。

（三）捏双胯

背面

正面

方法： 左手轻按左胯，右手轻按右胯。
要领： 双手控制双胯不得向上顶起及向一侧歪斜，保证两胯要平。

第四节 一式入阶

二阶·金刚捣碓

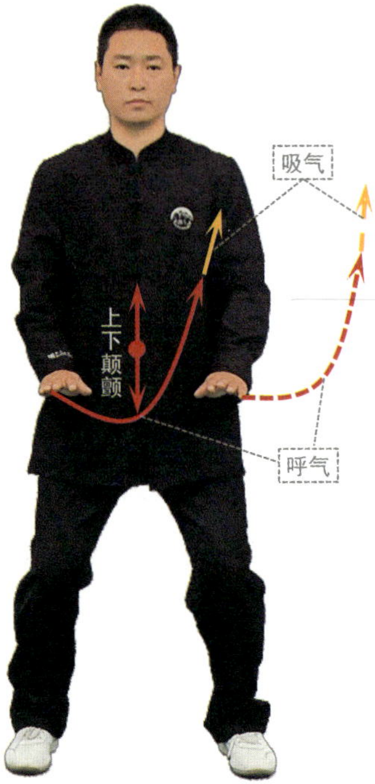

零

二阶·金刚捣碓

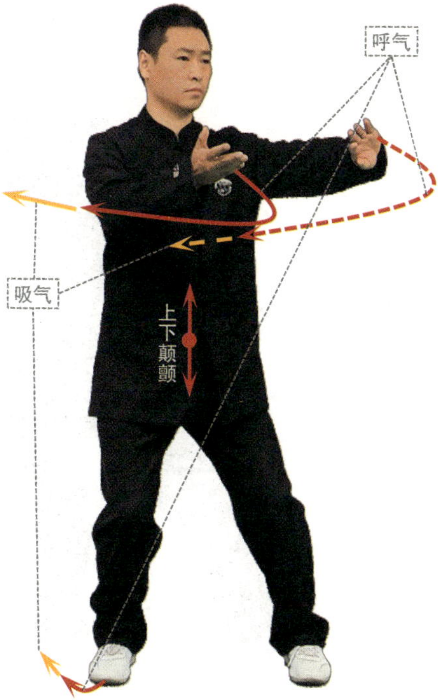

壹

二阶·金刚捣碓

贰

二阶·金刚捣碓

叁

二阶·金刚捣碓

肆

二阶·金刚捣碓

伍

二阶·金刚捣碓

陆

二阶·金刚捣碓

柒

二阶·金刚捣碓

捌

二阶·金刚捣碓

玖

二阶·金刚捣碓

拾

二阶·金刚捣碓

拾壹

第三阶 以腰领手

“以腰领手”，是陈式太极拳套路进阶的第三个阶段，开始全面整形，追求周身协调一致，进一步强烈地体悟气感，是练习陈式太极拳整体劲的关键阶段。此阶段，十分重视腰的主导作用，以腰的运动来统领全身各部位的行动，腰为帅，手为兵，兵无帅令不动，帅令一出兵即行，强调周身各部位的密切配合。

需要说明的是，这里的腰指的是腰骶关节至两胯的区域，而手指的是除腰以外的所有部位，是泛指而非特指手掌，太极拳有“浑身无处不是手”之说。

未将此阶段命名为“以身领手”，是由于“身”的范围太大，“身”的变化十分复杂，难以找到明确的、容易把握的规律，而“腰”作为“身”的一部分，既可以反映“身”的典型变化，又可以找到清晰的运动规律，便于习练者快速体悟。

进入到这一阶段，要沉下心来，需重新对已经学习的套路进行梳理，将每一个招式中所涉及的腰的动作细心揣摩，并将每个腰的动作与所关联的手的运动不断磨合，才能逐步增强对“以腰领手”内涵的认识，逐步由机械学习向自然而动转变。当然，不同的太极拳流派，包括同一太极拳流派的不同传承架式，其腰的动法及引领手动的方式各有不同，要结合各自特点灵活变化。

之所以将“以腰领手”放在“松沉入地”之后，是因为唯有掌握一定的松沉，才能体会到腰的放松与灵活，避免因腰劲过死而产生呆滞、生硬等问题，也才能将腰的各种运动变化练出来并自如运用，真正发挥腰的核心作用。尤其是习惯并熟练掌握了塌腰、泛臀、坐胯的要领之后，腰的活动空间变大，多维自由度得以释放，才能真切地领悟到腰运动的方向、速度及路线。

在此阶段，人体的上节（手臂、肩、胸等）已经十分放松，使用僵劲拙力的情况很少出现，中节腰部也明显地放松下来，前后、左右、上下及旋转的活动幅度变大，下节（下肢）虽然依然沉重僵硬，但较之上一阶段压力骤然减轻，形象犹如八卦中的兑卦☱，“二阴八阳是散手”，上节放松，中节虽略有放松但僵劲犹存。

第一节 目标标准

这个阶段，目标是用腰来统领全身各部位的运动，做到“以腰为主宰”，明晰每个招式及每动腰的运动规律和基本形式，除腰之外的其他部位不得盲动或孤立运动，构建起以腰为核心的整体运动体系，具体的标准有三条：腰不动手不动，腰一动手就动，腰一停手就停。

标准		说明	达标
一	腰不动手不动	在腰动之前其他任何部位不得动	★★★★★
二	腰一动手就动	当腰动之后其他任何部位立即随动	★★☆☆☆
三	腰一停手就停	当腰停止运动后其他部位马上静止	★★★☆☆

一、腰不动手不动

腰不动手不动，强调的是招式动作的初始点。当腰没有任何运动的时候，身体其他部位均不得有任何运动，所有的“手”都不能先于腰而动。

这一条是陈式太极拳初学者最容易违背的法则，同时也是最容易纠正的。说其容易犯错，主要因为自己不容易察觉到腰的动作，当一个招式结束时，习惯性地将腰的运动停止下来，在下一个招式开始时并未意识到腰已停止运动，“手”会不自觉地先行运动。说其容易改正，因为只要时刻将注意力放在腰上，将腰的运动变为主动有意识的，使手的运动变为随动无意识的，就可以很快做到。手的无意识随动是由前两个阶段打下的坚实基础，如果无法做到，就需要重新从前两个阶段入手，等基础夯实后，再进入这一阶段练习。

因此，这一条标准必须严格遵守，但凡出现任何一个动作的错误，都无法达到“以腰领手”的标准，达标比需要达到100%（★★★★★）。

二、腰一动手就动

腰一动手就动，强调的是招式动作的运动过程。腰运动起来之后，与招式相关的身体各部位的“手”，必须保持相应的运动，腰的速度相对固定，“手”的速度因招式的不同而有所区别，运动路程长的要加快速度，路程短的要放慢节奏，犹如一套精密的机械系统，为完成一个机械动作，大小齿轮同时工作，转速不同，有序协作。

这一条是最难达成的，很难在短时间内完全做到，原有的错误动作改正起来也十分费力。难点在于，腰的运动距离非常短，速度很难控制，尤其是将腰的运动速度降下来不容易，再使之缓慢匀速地进行各种动作则更难。此外，身体各部位的“手”因招式的不同，在某个腰的运动过程中，运动的路程各不相同，有比腰的运动距离长得多的，也有差不多的，还有短一点的，诸多“手”的速度很难与腰速匹配，常常是“捡了芝麻丢了西瓜”，注意到了左手臂又忘记了右手臂，想起了手臂又没顾上腿，顾此失彼。

越难练的，越是精髓，“以腰领手”的核心就是保持全运动过程的协调，而太极拳又强调动作不停、绵延不绝，看似静止的招式动作其实还在做微小的运动，因而腰的运动就是绝对的，腰无时无刻不在运动，同时也要求“手”必须全时在动，这一全身皆动的系统需要腰来统一组织与协调，难度可想而知。

因此，这一条标准可以适当放宽，没必要也不可能完全达到，达标比为 40%（★★☆☆☆）以上即可。

三、腰一停手就停

腰一停手就停，强调的是招式动作的结束点。其实，如果严格从陈式太极拳的风格特点来看，整个套路练习过程中，劲力连绵不断，是不存在停顿的。这里所谓的“停”，是指腰的某种单一运动形式到达顶点，需要转换另一种运动形式时的转折点。比如，腰向左旋转时，受人体结构限制，不可能无限度地向左，因此旋转至一定角度后，需要腰发生移动，或者可能需要向右回转，等等，情况变化较多，那么“停”就是在腰向左旋转到达最大角度时的位置，好似腰的运动停止了。

当腰的运动停止后，手就不能再有多余的动作了，也必须立即静止，以等待腰的下一步调度指挥。这个要求虽然容易理解，但要做到却较难，主要是由于腰的运动幅度很小，练习者在初期很难察觉到腰的运动与停止，过多的注意力放在了手的运动上，经常会出现腰已经停止运动了，但手还在做各种各样的动作。

需要着重说明的是，在腰的一种运动过程中，手的运动可能会发生多种变化，腰与手的运动并非一一对应。

相比第一条与第二条标准，第三条的难度处于中间层次，60%（★★★☆☆）是可接受的最低限度。在领悟该阶段练法的过程中，建议先练第一条，再练第三条，最后攻克第二条。

第二节 拳理铺陈

跨入第三阶段，要着重理解感悟腰在陈式太极拳中的地位与作用，对陈式太极拳的一些练法要有科学的认知，增强不同拳理甚至相反拳理的辨别能力和融合能力。不同的拳理可能仅是因为角度不同，两种相反拳理的叠加有可能才是拳理的全貌。因此，要做到兼收并蓄，以包容的心态归纳总结，形成正确的陈式太极拳拳理观。

一、劲起于脚与主宰于腰

练习太极拳的人可能都知道王宗岳和张三丰，尽管他们在历史上真实存在与否有较大的争议，但是与两者直接相关的《太极拳经》却影响了许多太极拳练习者，特别是他们对太极拳中腰的论述，堪称经典。

“其根在于脚，发于腿，主宰于腰，行于手指。由脚而腿而腰，总需完整一气，向前退后，乃得机得势。有不得机得势处，身便散乱，其病必于腰腿求之，上下前后左右皆然。”[1]这段论述，先不论是否由张三丰所传、王宗岳所著，仅对太极拳的练习方面来讲，还是有理论指导意义的，尤其是对腰和脚在太极拳中的重要性，有了明确的定位，核心就两句话“劲起于脚”“主宰于腰”。

劲起于脚与主宰于腰，两者并非要争主次地位，仅仅阐述的是劲在身体内的运动路线，而且劲起于脚不能一概而论，只有在

[1] 唐豪：《王宗岳太极拳经王宗岳阴符枪谱》，中国武术学会，1936：33 页。

独自一人立姿打拳时，没有外力作用于己身的条件下，劲起于脚才能够成立。根据牛顿第一定律，在合外力为零时，物体将保持匀速直线运动或静止状态，打太极拳也不能打破这种规律。在打太极拳时，要实现动作的千变万化，重心的前后左右移动，身法的蹿蹦跳跃，没有外力的作用，是不可能实现的，而打太极拳时唯一的外力就是来自脚与地面的接触，地面对脚的作用力是太极拳运动的来源，因此，劲起于足，是科学的，是必然的。地面对脚的作用力具体有哪些，将在第四阶“节节贯串”中详细说明。

当与他人推手时，劲起于脚就不完全成立了。此时，两手与对方接触，自身受到的外力就不单是地面对脚的作用力，还有对方作用于自己双手的力，劲的起源可能发生重大的变化，劲起于手也是可以的。如果出现身体接触，劲起于肘、起于肩、起于胸、起于背、起于胯、起于膝等，都可能是正确的。

主宰于腰，是强调腰对劲的传导作用。腰为人体的中枢，是连接下肢、躯干与上肢的中间机构，承上启下，劲从脚下沿腿部上传的过程是比较简单的，但在劲传导至腰部后，由于腰的特殊运动方式，可以将劲向多个维度传递，既可以向上传至手，也可以向身体两侧旋转变化，是太极拳劲力变化多端、神鬼莫测的根源。因此，腰主劲的变化，无腰劲则劲不活，劲不活则僵劲拙力难去。

二、以身领手与以手领身

师父常说，陈式太极拳老架一路要以身领手，老架二路要以手领身。那么以身领手与以手领身到底有什么区别，两者孰对孰错呢，或者为什么要在不同套路中采取不同的方法呢？

陈鑫先师说："况此艺全是以心运手，以手领肘，以肘领身。手虽领身，而身自有身之本位。论体则身领乎手；论要手，则以手领身。"[1]

这就涉及中国传统哲学中的一对基本范畴"体"和"用"。在中国传统哲学中，体用是一对范畴，指本体和作用。通常认为，"体"是最根本的、内在的、本质的，"用"是"体"的外在表现、表象。一般说来，中国传统哲学中所谓"体"就是根本的、第一性的；所谓"用"就是从生的、第二性的。陈鑫先师所讲的"论体"，就是"体"的范畴，指的是陈式太极拳最根本的、内在的、本质的要求，就是"以身领手"；所讲的"要手"，乃是"用"的范畴，指的是陈式太极拳在实战应用中，要做到"以手领身"。

从这层理解出发，老架一路是陈式太极拳最核心的功法体系，通过"以身领手"，构建起陈式太极拳扎实的拳法基础，为老架二路的运用"以手领身"创造条件。

因此，无论是"以身领手"，还是"以手领身"，都是陈式太极拳的内在规律的客观表现，没有对错之分，只有体用之别。初学陈式太极拳，要从"以身领手"开始，练习基本功法，待熟练掌握后，再尝试"以手领身"，加强用法练习。兵法说"以正合，以奇胜"，"以身领手"为正，"以手领身"则为奇，奇正相生，变化无穷。此阶段"以腰领手"，就是"以身领手"的一种典型练法。

[1] 陈鑫：《陈氏太极拳图说》，山西科学技术出版社，2012：80页。

三、以内催外与以外带内

陈式太极拳离不开“意气形”，也有叫“意气势”，其中“意气”为内，“形势”为外，内外之间相互作用、相辅相成，共同构成陈式太极拳无形和有形的两面。

许多练习陈式太极拳或者其他派别太极拳的老师，有的认为太极拳应该“以内催外”，即所谓的“以意导气”“以气运身”，或者如陈鑫先师讲的“以心运手”等；也有的认为太极拳应该“以外带内”，其中以吴式太极拳吴图南老师为主要代表。

这样就形成了两种理论学说，一种重内，一种重外。其实两种说法，都各有道理，犹如上节所讲的“以身领手”和“以手领身”，一为体，一为用。同理，内为体，外为用，在不同的练习阶段，练法不同。在“以身领手”时，重内在，强调“以内催外”，重点练习意念的把控，内气的运行、巩固与充盈；而在“以手领身”时，重外形，强调“以外带内”，重点练习意念、内气与外形的配合。

比如在练习陈式太极拳的“掩手肱拳”这一招式时，可以有三种打法。第一种打法，可以叫“以内催外”，劲从足起，经腿到腰，再发于拳上，好像炮弹出膛，火药在炮管内推着弹丸向前运动。第二种打法，可以叫“以外带内”，拳先向前冲出，而后带着肘、肩、腰、腿、脚向前打，好比运动员扔链球，链球在离心力的作用下飞驰而出。第三种打法，可以叫“内外一体”，将身体分为三节，拳为梢节，腰为中节，脚为下节，三节同时运动，将拳打出。三种打法，各有千秋，感受完全不同。

第三节 基础功法

“以腰领手”的基础功法有四项，也是陈式太极拳传统套路中腰的四种运动形式，或者叫腰的四种领劲方式。

一、移动

在第一阶第三节身法中，已经对身法的移动做了详细说明，此处的移动与之相类似，只是用腰法来代替身法，同样分为左移右移或前移后移。

（一）左移腰

（二）右移腰

（三）前移腰

（四）后移腰

二、旋转

在第一阶第三节身法中，同样对身法的旋转做了详细说明，此处的旋转与之相同，用腰法代替身法，分为左转和右转。

（一）左转腰

（二）右转腰

正转　　反转

三、塌领

在陈式太极拳传统套路中，身体的重心会随着动作的姿态而发生高低变化，如右擦脚的动作，交叉盖步时重心降低，侧身弹踢时重心又升高，再如摆脚跌岔的动作，摆脚时重心高，跌岔时重心低，而后重心又升起。总之，拳架套路中的重心位置并非处于同一个平面上，起伏是常态。但是，重心的高低位置在变化时，是有方法的，不能出现提拔抽扯。重心降低时，腰后命门随重力方向下坠，腰不能用力，就是下塌腰；重心向上升高时，腰后命门在脚向上支撑力的作用下顶起，腰依然不用力，就是上领腰。

（一）上领腰

（二）下塌腰

四、折迭

陈照丕先师在《太极拳理论十三篇》[1]中讲，“打回劲就是折，就是两人推手，把对方引落空地，对方看要失败急速抽回来时，打对方的回劲，如满头扫雪，白马卧槽等势”，“打太极拳全在用迭法，不懂迭法枉徒劳。什么是迭法？就是刚柔相济的变化，这个变化是无穷的”，这是折迭的一种阐释。

“往复需有折叠，进退需有转换。折叠者亦变虚实也，其所变之虚实最为微细。太极拳截劲，往往用折叠，外面看似未动，而其内已有折叠。”[2]这里所说的折叠，与折迭意思相同。

无论是折迭还是折叠，两者均有往复交错虚实变化之意，体现在腰的运动上，就是腰部与胸部的左右、前后、上下折迭，又称胸腰折迭。

[1] 陈照丕：http://www.360doc.com/content/16/0503/09/1440676_555808138.shtml。
[2] 陈微明：《太极拳术》，华东师范大学出版社，1992：108 页。

（一）左右折迭腰

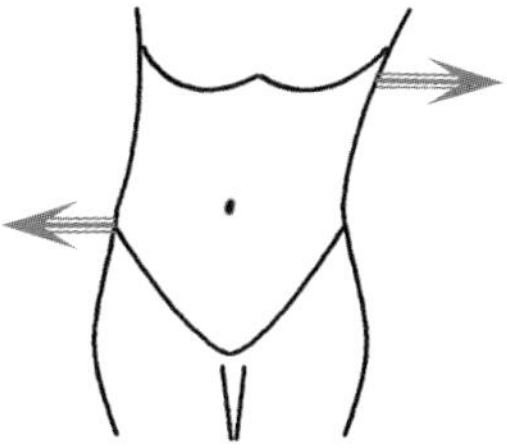

胸向左，腰向右

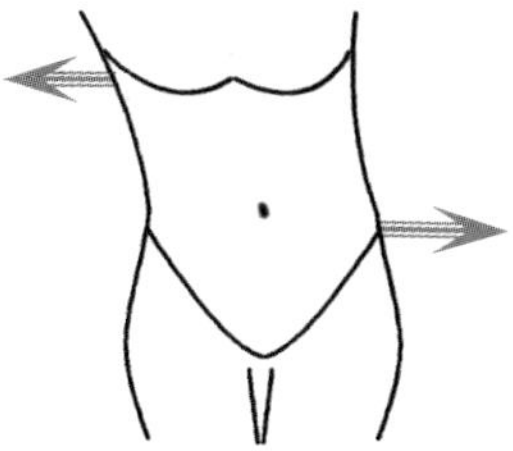

胸向右，腰向左

（二）前后折迭腰

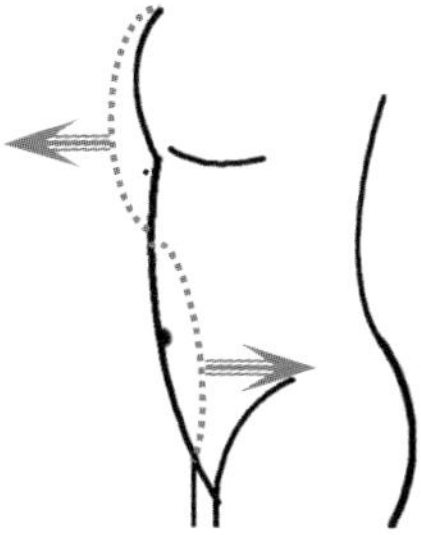

胸向前，腰向后

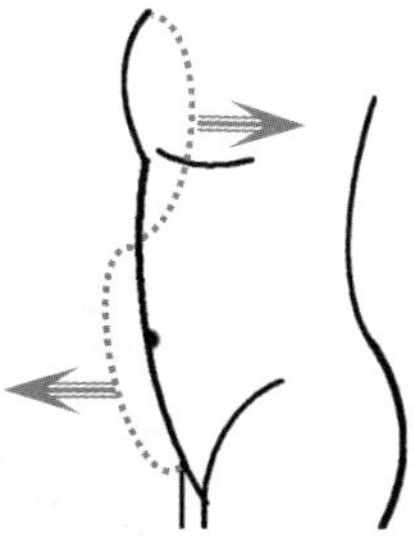

胸向后，腰向前

（三）上下折迭腰

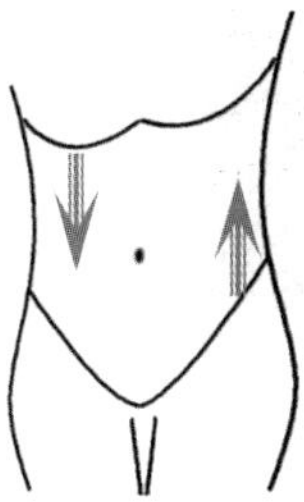

右胸下降，左腰上升

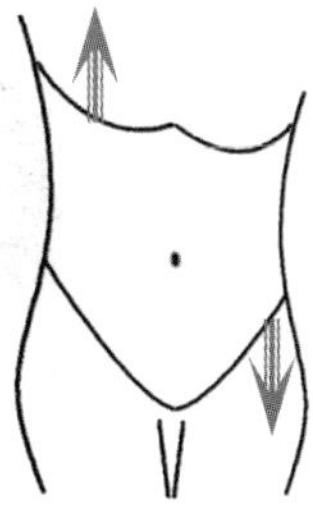

右胸上升，左腰上降

第四节 一式入阶

三阶·金刚捣碓

【**右手**】小幅度顺缠，与腰同时开始运动，同时停止运动。

【**左手**】小幅度逆缠，与腰同时开始运动，同时停止运动。

零

【**腰·旋转**】左转腰，腰向左侧小幅度旋转。

【右手】继续顺缠，与腰同时开始运动，同时停止运动。

【左手】继续逆缠，与腰同时开始运动，同时停止运动。

三阶·金刚捣碓

壹

【腰·移动】右移腰，腰向右侧小幅度移动。

三阶·金刚捣碓

贰

〖右手〗小幅度逆缠下沉按，与腰同时开始运动，同时停止运动。
〖左手〗小幅度顺缠下沉按，与腰同时开始运动，同时停止运动。
〖腰·移动〗左移腰，腰向左侧小幅度移动。

三阶·金刚捣碓

叁

【**右手**】继续逆缠向右后捋，与腰同时开始运动，同时停止运动。

【**左手**】继续顺缠向右侧捋，与腰同时开始运动，同时停止运动。

【**右脚**】外摆，与腰同时开始运动，同时停止运动。

【**腰·旋转**】右转腰，腰向右侧旋转。

三阶·金刚捣碓

肆

【右手】顺缠前按，与腰同时开始运动，同时停止运动。

【左手】逆缠前按，与腰同时开始运动，同时停止运动。

【右脚】前脚掌落地踏实，与腰同时开始运动，同时停止运动。

【腰·移动】前移腰，腰向右侧移动。

【**右手**】逆缠小幅度右捋，与腰同时开始运动，同时停止运动。

【**左手**】顺缠小幅度右捋，与腰同时开始运动，同时停止运动。

三阶·金刚捣碓

伍

【**腰·旋转**】右转腰，腰向右侧小幅度旋转。

【**左脚**】屈膝提起，与腰同时开始运动，同时停止运动。

三阶·金刚捣碓

陆

【右手】逆缠小幅度右捋，与腰同时开始运动，同时停止运动。
【左手】顺缠小幅度右捋，与腰同时开始运动，同时停止运动。
【左脚】铲地滑出，与腰同时开始运动，同时停止运动。
【腰·塌领】下塌腰，腰向下运动。

三阶·金刚捣碓

柒

〖**右手**〗顺缠下按，与腰同时开始运动，同时停止运动。

〖**左手**〗逆缠下按，与腰同时开始运动，同时停止运动。

〖**腰·旋转**〗右转腰，腰向右侧旋转。

三阶·金刚捣碓

【**右手**】顺缠下采，与腰同时开始运动，同时停止运动。

【**左手**】逆缠左掤，与腰同时开始运动，同时停止运动。

掤

【**左脚**】翘脚尖外摆，与腰同时开始运动，同时停止运动。

【**腰·旋转**】左转腰，腰向左侧旋转。

三阶·金刚捣碓

玖

【**右手**】继续顺缠前掤，与腰同时开始运动，同时停止运动。

【**左手**】继续逆缠上掤，与腰同时开始运动，同时停止运动。

【**腰·移动**】前移腰，腰向左腿方向运动。

【**左脚**】脚尖落地踏实，与腰同时开始运动，同时停止运动。

三阶·金刚捣碓

【**右手**】顺缠上掤，与腰同时开始运动，同时停止运动。

【**左手**】先逆缠上掤再顺缠下按，与腰同时开始运动，同时停止运动。

拾

【**右脚**】提起沿内弧线向右斜前方虚点，与腰同时开始运动，同时停止运动。

【**腰·旋转**】左转腰，腰向左侧小幅度旋转。

【右手】握拳下落，与腰同时开始运动，同时停止运动。

【左手】先下按再顺缠，与腰同时开始运动，同时停止运动。

三阶·金刚捣碓

拾壹

【腰·旋转】右转腰，腰向右侧小幅度旋转，转回正前方。

三阶·金刚捣碓

拾贰

【**右手**】顺缠上冲拳，与腰同时开始运动，同时停止运动。

【**左手**】顺缠反下按或下挤，与腰同时开始运动，同时停止运动。

【**右脚**】提起膝与胯同高，与腰同时开始运动，同时停止运动。

【**腰·旋转**】左转腰，腰向左侧小幅度旋转。

三阶·金刚捣碓

拾叁

【**腰·旋转**】右转腰，腰向右侧小幅度旋转，转至身体正向。

三阶·金刚捣碓

拾肆

【右手】下落砸拳，与腰同时开始运动，同时停止运动。
【右脚】落地震脚，与腰同时开始运动，同时停止运动。
【腰·塌领】下塌腰，腰向下沉落。

三阶 · 金刚捣碓

拾伍

第四阶 节节贯串

顾留馨将“节节贯串”看作陈式太极拳的第五大特点，认为“只有通过腰脊为中心，才可以使周身九个主要的运动关节[1]依次贯串起来。此外，还要做到周身无缺陷，串如九曲圆珠，这样功夫才可以进展到周身一家的地步”[2]。同时又以人体下半身为例，详细说明了“节节贯串”的实质。在《陈式太极拳》一书中写道：“当劲起于脚跟，通过踝关节，环绕着小腿上升到膝关节，再由膝关节旋转上升，环绕大腿到髋关节，能够做到没有丝毫间断，是谓下半身的节节贯串。这说明所谓贯串，不仅在关节上动，而且应使整个腿环绕上升而动。若不经过大小腿而单由踝、膝、胯等关节动，则属于由一节飞跃到另一节的动，这是一种‘零断劲’。因此，只有经过大小腿而上升的劲，才是真正的‘贯串劲’”[3]。

上一阶“以腰领手”，可以看作一种初级的“节节贯串”，是练习以腰为核心的贯串劲。而本阶段的贯串，则要兼顾全身所有的关节。按人体的基本结构，由下而上，依次为脚、踝、膝、胯、腰、脊、颈、肩、肘、腕、掌、指，共十二个关节，比顾留馨老师所讲的九个关节多了三个。本阶段的任务，就是要弄清这十二个关节的劲力传导规律，以及如何协调这十二个关节的运动。

[1] 九个主要的运动关节：颈、脊、腰、胯、膝、踝、肩、肘、腕。
[2] 沈家桢，顾留馨：《陈式太极拳》，人民体育出版社，1994：38 页。
[3] 沈家桢，顾留馨：《陈式太极拳》，人民体育出版社，1994：38 页。

节节贯串，其实就是练习周身的整体劲的过程，也是感受身体内部气的运行和劲的使用的过程。要求在陈式太极拳套路练习的全过程，不分进缠还是退缠，都始终贯串从脚到手指的劲力上传路线，综合运用各个关节不同的劲力传递方式，严格按陈式太极拳对劲力的要求，不丢不顶，将人体由下到上、由脚至手指的劲路打通，自然运动肢体，着力体会身体内部劲力的大小、方向、路线的变化，进一步化零为整，将身体当作一个系统的整体，各子系统围绕总系统协调一致地运动。

由于人体各部位的结构差异，在节节贯串时，不同的关节有着不一样的运动规律，劲力的传导方式也简繁不一，有的种类和形式较多，有的比较单一，有的幅度较大，有的幅度很小，有的能在外表看到，有的只能自己感受到。总之，要想完全掌握节节贯串，必须对每个部位关节的劲力及传递方式了如指掌并能熟练运用。

在本阶段，需要穿插学习新的套路——陈式太极拳老架二路，着重练习身体各部位的发力方法，可以集中训练肘的短距发力，感受胯的多种弹抖和手上的劲力变化，构建起陈式太极拳发力时的清晰动力链。

本阶段是陈式太极拳传统套路比较难练、十分吃功夫的阶段，也是充分展现陈式太极拳松活弹抖、动如脱兔风格特点的关键环节，要不怕枯燥反复强化单式发力练习，将身体各部位的发力方式和特点搞懂搞透打好，进一步提升陈式太极拳传统套路的体验感，感受陈式太极拳的独特魅力。

在此阶段，人体的上节（手臂、肩、胸等）和中节（腰、胯）等已经十分放松，下节（下肢）尤其是脚底，能感觉到强烈的压力，但并非完全的僵硬死板，虽沉重却略显灵活，形象犹如八卦中的震卦☳，“三阴七阳犹觉硬”，脚下还无法找到十分轻灵的感觉。

第一节 目标标准

这个阶段，目标是要了解掌握脚、踝、膝、胯、腰、脊、颈、肩、肘、腕、掌、指等十二个关节部位的劲力种类及传导方式，搞清缠丝劲在身体各部位的运行规律，切身感受到陈式太极拳丰富多变的诸多劲力，进一步增强整体意识，使周身各部位密切协同，具体的标准可概括为四个：劲力清晰、传递有序、转换灵活、发劲脆弹。

标准		说明	达标
一	劲力清晰	每个部位所用的劲要完全正确	★★★★☆
二	传递有序	劲力要按照由下至上的顺序逐级传递	★★★★☆
三	转换灵活	劲力的转换过程不能用僵劲拙力	★★★☆☆
四	发劲脆弹	发劲要干脆利索、富有弹性	★★☆☆☆

一、劲力清晰

劲力清晰，重点是看脚、踝、膝、胯、腰、脊、手臂及手部的劲力。每个招式、每个动作，脚底的弹蹬搓拧均正确无误，踝膝关节的顺缠与逆缠能正确运用，胯部的前后、左右、旋转劲使用得当，腰脊的逐级旋转与折迭摆动充分体现，手臂的自转公转及进缠退缠清晰明了，手部的掤捋挤按劲，劲劲不丢。

要做到以上要求，确实十分困难，即便是很有功夫的老拳师，也不见得能够完全达到。尤其是脚底与手部的几种劲力，往往会顾此失彼，注意到了脚劲却又丢了手劲。因此，初期可以单独练习某一个部位的劲力，将所有招式在该部位的劲力练会练熟，再逐渐练习其他部位。

无论如何，该条标准必须做到至少80%（★★★★☆）以上，才能将节节贯串的基础练扎实。

二、传递有序

除了要熟练掌握劲力的运用外，还要明了各部位劲力的正确传递方式及诸多变化，自然地传递两两相邻部位之间的劲力，严格按照由脚至胯至肩及手的顺序，由下至上逐级传递，避免出现髋关节传递劲力。

劲力的传递分显形的传递和隐形的传递，显形的传递能够通过外在的肢体运动直观看到，比较容易发现问题所在，而隐形的传递是内在劲力的运动，无法通过观察得到，可以通过第二阶中的捏架法，来检验传递的正确与否。

该条标准也必须做到至少 80%（★★★★☆）以上，才能真正感受到节节贯串的内在含义。

三、转换灵活

由于受身体结构的限制，每一种劲力和每一次劲力的传导，都不会永远不变地进行下去，总是在传递至手指后，出现新的劲力变化，在身体原部位关节需要进行反向运劲，有时是一个部位关节，有时可能多个部位关节同时操作，这就需要各部位关节灵活地进行劲力转换。

转换过程中，不能出现突兀的转折和过程的间断，也不能使用蛮力僵力，尤其是不能出现顶力。尤其是两条腿的缠丝和虚实转换，要能按照陈式太极拳节节贯串的规律，自然而然地变换顺缠和逆缠，灵活调整两腿上的虚实比例。

由于该条标准比较难以掌握，在练习套路时，如果能做到

60%（★★★☆☆）以上，即算达标。

四、发劲脆弹

本阶段要练习发劲或发力，基本要求有两个，一个是要脆，一个是要弹。所谓脆，就是劲力能够按照由脚至手的顺序，节节催发，一气呵成，各关节部位没有明显的阻滞，全身劲力贯通。所谓弹，就是劲力发动至顶点后，身体各关节部位要像各安装了一组弹簧一样，能够自由地伸缩弹动。

此外，还要掌握同一动作的多种发劲技巧，能够在同一个动作基础上演化出多个部位的发劲动作，既可以利用单关节、单部位发劲，也可以多关节、多部位联合发劲，更能够全身整体发劲。

该条标准要求较高，练起来十分困难，只需达到40%（★★☆☆☆）即可。

第二节 拳理铺陈

本阶需要领会的拳理较多，也十分晦涩难懂，特别是对陈式太极拳意、气、力、劲及弹抖、虚实的理解，一人一感悟，对“双重”的认识更是五花八门、各有千秋。这里仅为一家之言，暂做同行之间的研究与探讨，不做最后的裁决。

一、意念

马克思说：“观念的东西不外是移入人的头脑，并在人的头脑中改造过的物质的东西而已。”观念或意识或意念，只是客观存在的主观映像，并通过实践对客观世界进行改造。太极拳的意念，也不能违背这个基本原理，是太极拳习练者在千万次练拳实践中逐步产生的，并非与生俱来、唾手可得的。认识不到这一点，太极拳习练者必将堕入唯心主义的深渊而难以自拔，拳技也难以真正提高。

那么太极拳为何还要将“用意不用力”作为必须遵循的真言至理呢？这就需要从对太极拳意念产生机理及特性的详细分析中寻求答案。

太极拳的意念是练拳得来的。依据实践论的观点，太极拳的意念不可能凭空产生，一定是在大量的练拳实践中积累起来的。《拳经》云“由招熟而渐悟懂劲，由懂劲而阶及神明”，“招熟”和“懂劲”即练习太极拳的阶段，是实践过程，同时为太极拳意念的产生提供了前提条件，而“神明”即太极拳意念形成的阶段，是认识过程，同时对太极拳的练习起主导作用，达到所谓的“以意导气、以气摧形”的境界。“招熟”、“懂劲”和“神明”，从三个大的节点阐明了太极拳意念产生的过程，揭示了刻苦练习拳架才是提高拳艺水平的重要途径的道理。

太极拳的意念是动态变化的。辩证唯物主义认识论是“实践—认识—再实践—再认识”的反复循环、螺旋上升的过程，太极拳的意念也不例外。太极拳的意念不是一成不变的，也非一旦产生就是永远正确的，要在练拳实践中经历无数次反复修正，是动态变化的。就像一个人年轻时可以轻松跳过一堵矮墙，但随着年龄的增长、体质的变化，到年老时如果没有经过实践检验，意识上依然认为能跳过同样的矮墙，结果一试往往摔得很惨。再比如，一个从小练习太极推手或散手的人，在某一个阶段能打得过大部分的人，但如果年龄一大，脱离开原来的训练环境，参加比赛的次数减少，他的意识可能还停留在战无不胜、来者无拒的层次，实际技术水平则必然大打折扣。说明如果离开了实践，意识就会出现指导偏差或错误。练习太极拳也是如此，初学太极拳时的意念和经过一段时间学习后形成的意念，是有明显变化的，这个阶段的练拳感悟到下一个阶段可能就是错的。因此，只有昼夜不辍地练拳，永不止步地体悟，才能感受太极拳拾级而上、俯览山小的美妙。

太极拳的意念是需要天赋的。陈鑫说：“人人各具一太极，但看用功不用功。只要日久能无懈，妙理循环自然通。”说明每个人习练太极拳的外在过程可能一样，但内在对太极拳的理解或称之为太极拳的意念是彼此不同的。世界上没有完全相同的人，人与人之间的身体条件千差万别，同样的老师教出来的学生也不尽相同，正所谓“一龙生九子，九子各不同”。太极拳的意念需要一定的天赋，并非所有习练太极拳者都能达到“变化无端、神鬼莫测”的层次，只有具备一定的先天条件，再加上“终日乾乾之功”，才能登上拳术高峰。

二、气、力、劲

许多练习太极拳的人，对气、力、劲三者之间的区别与联系，往往分不清楚，经常混为一谈，有的过于推崇气与劲的作用，而忽视力的存在。

那么陈式太极拳中的气、力、劲之间到底是什么关系呢？

先说气。在第二阶拳理铺陈的丹田与气中，就气的概念做了一些解释，归结起来一句话，气是一种无形的物质。我们的生命之所以存在，以古人的智慧来看，是由有形的肉体与无形的内气共同作用的结果。

再说力。力是物理学上的一个概念，并没有明确的定义，但可以从牛顿第三定律得出基本结论，力是物体与物体的相互作用。陈式太极拳中的力也不例外，离不开与之相接触的地面与对手，也离不开身体的基本物质结构。可以简化地认为，陈式太极拳的力是由有形的肉体与无形的内气联合产生的，离开有形的和无形的客观物质，力是不可能形成的。因此，抛开身体的肌骨条件，可以简单地认为，气是力产生的重要基础，气弱则力小，气强则力大。

再说劲。洪均生老师讲：“一般解释劲和力的区别，总说力是直的，劲是柔的。拙笨而直的可以叫作力，灵活而圆的可以叫作劲。实则也可以分为生来的和练出来的。生来的有大小，力与劲的本质是难以区别的。练成习惯则因运用的圆直而分巧拙，所以太极拳是要巧劲，而不尚拙的。所以拳论讲‘如何发劲’而说‘用意不用力’。合乎理想（意）的就是劲，并不是一点力量没有，一点力不用。天生的力量可以练成圆活。因为方向的变化，时间的迅速，小劲也可以变成大劲，所以在基本上说，太极拳不需要大劲，可是力量大小，是不是对作用上有影响呢？我们认为只要运用得合理，力量大的还是作用更大，五个马力的机器马达总比一个马力的带动力大些。”[1]可见，力与劲还是有区别的。

根据笔者的理解，力是产生劲的客观物质条件，没有力就没有劲，而劲则是力作用效果的外在表现。好比坐跷跷板，同一个人坐在跷跷板的中间支点位置时，跷跷板的状态不会有丝毫改变，而坐在跷跷板的一端时，就会改变跷跷板的状态。同一个人相同的重力，因位置不同，造成的结果也不相同，这就是相同的力产生不同的效果。因此，可以说，力相同，但劲不一样。同理，陈式太极拳中的掩手肱拳的动作，当将注意力放在右拳上，如果力足够大，可以将对手向前方打出或打伤；而如果双手同时用力，左手作用于对手左臂，右手作用于对手右肩，前后对拉，保持同等的力量，可以轻松地将对手向左侧旋转掷出，同样是，力相同，劲有别。

因此，气、力、劲之间的关系可以概括为，肌骨与气产生力，力的作用效果表现为劲，太极拳练的是劲，打的也是劲，是用高明的技巧将力发出去，产生“以小搏大、以弱胜强”的拳术效果。

[1] 洪均生著，光宗先生抄录：《陈式太极拳实用拳法旨要阐微》，内部资料，2005：20 页。

三、整体劲与局部劲

自练陈式太极拳以来，很长一段时间内，笔者都认为陈式太极拳是练习身体的整体劲的，就是要让僵拙的肢体，通过放松，有效地连接在一起，增强系统效应，达到“1+1>2”的效果。

可是，随着学拳的时间增长，这样的思维也相应地发生了一些变化。陈式太极拳追求整体劲的目标可能没有错，但是也不应该否定局部劲的作用，就像系统与子系统的关系，系统的总体和全局固然是最根本的，但是缺少了子系统的作用发挥，系统的整体性将大大减弱。因此，练习陈式太极拳，既要重视整体劲，也不可忽视局部劲，两者相辅相成，不能偏废，有时整体劲起主要作用，有时很可能局部劲才是王道。

何为整体劲？何为局部劲？从脚底发出来的劲，通过各关节部位，向上节节传递至发劲的部位，外部来力越大，脚底的压力越大，整个身体好似一堵墙，这就是整体劲，太极拳中又叫掤劲。某一关节部位独立发劲，外部来力越大，该关节部位用力越大，其余部位用力无明显变化，这就是局部劲。

整体劲的优点在于，当有外力作用于身体上时，能够将外力引至脚底，借用外力的作用，增强地面对脚底的支撑反弹和静摩擦力，进而有效对抗外力。缺点也显而易见，当全身的劲力融为一体时，各部位关节处由于连接十分紧密，其劲力的变化或灵活性将大大降低，太极拳的引化能力相应减弱，很难适应轻巧多变的外来力量。此外，还由于整体劲过分依赖脚底的反弹支撑力，十分强调被动防守，在主动进攻上尚显乏力。

局部劲的优点在于，可以有效避开外力的作用位置，在对手相对虚弱的部位主动进攻，在局部形成力量优势，从而撼动对手的防线，扰乱对手的重心，占据有利态势。其缺点也十分明显，如果没有整体劲的支撑，很可能根本无法抵挡住对手的劲力，也很难找到对手薄弱的部位，基本的引化都无法实现，更谈不上转守为攻。

因此，先练整体劲，再练在整体劲条件下的局部劲，既要稳固，也要灵活，才是陈式太极拳完整的劲力。

四、足劲：压弹蹬搓拧

陈式太极拳是在站立条件下的武术拳种，独自演练时，唯有脚与地面接触，所受到的外力只有自身的重力和来自地面的作用力，双人推手对抗时，同时又增加了对手对接触点的作用力。综合来说，陈式太极拳的外力一共有三类：自身重力、地面作用力和对手作用力。陈式太极拳松柔圆活、舍己从人、借力打力的技术特点，要求不能使用僵力拙力，所有动作都要最大限度地借助外力来完成，其中最基础的就是借用地面对双脚的作用力，也就是所谓的足劲。

按足部的动作形式来分，足劲可以分为压、弹、蹬、搓、拧五种。压，是指利用自身重力，身体加速下沉，使脚底对地面产生大于本身重力的压力，也就是前文所讲的沉劲。弹，是指地面对脚底产生的自然反弹支撑力，是推动身体各部位进行各种运动的基础作用力。蹬，是指脚底向身体左右外侧滑动的一种运动形式，是引发身体重心左右移动的主要作用力。搓，是指脚底沿脚部中轴线向身体前后滑动的一种运动形式，是带动身体重心前后移动的作用力。拧，是指脚尖和脚跟以脚心为旋转中心，同时以顺时针或逆时针方式进行运动，是陈式太极拳缠丝劲的基础。

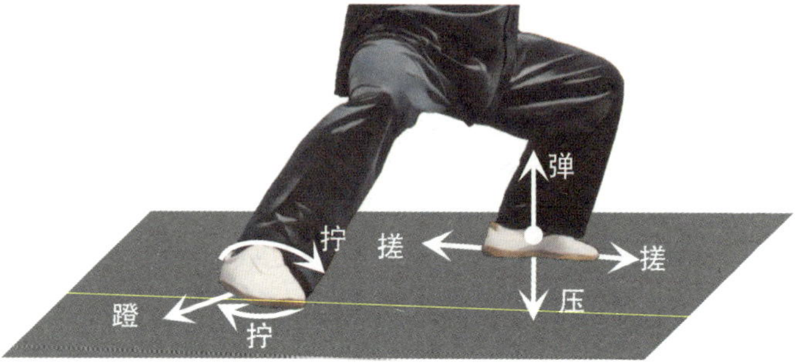

足劲的五种运动形式，从本质上讲，利用了三种物理学原理。

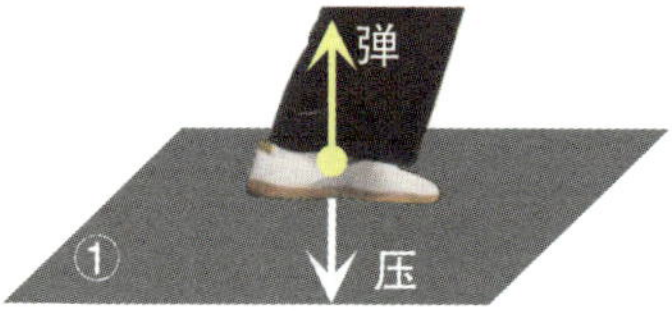

一是作用力与反作用力的原理。有压才能有弹，压力与弹力大小相等、方向相反，练拳时用的是弹力，压力不能直接用，只能采取各种手段和技巧创造。二是摩擦力的原理。当脚向外侧蹬或向前后搓的时候，

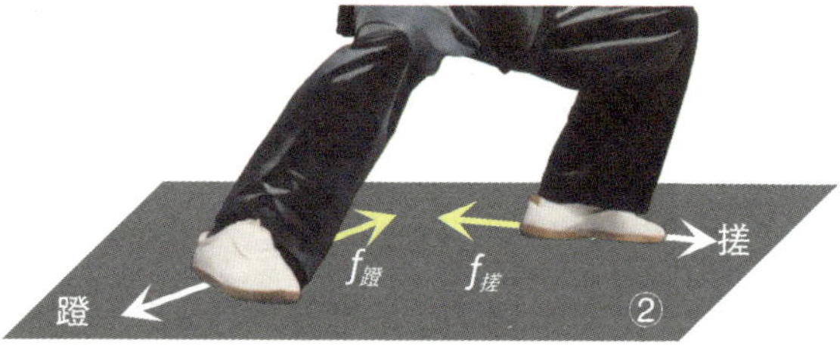

脚底与地面形成了一种相对运动或运动趋势，由于脚底与地面表面都十分粗糙，相对运动产生滑动摩擦，运动趋势产生静摩擦，

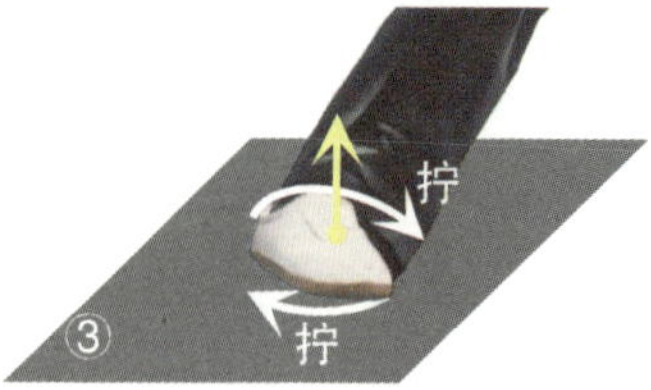

摩擦力的大小与压力和弹力的大小成正比，摩擦力的方向与蹬和搓的方向相反。三是力矩的原理。脚尖与脚跟以脚心为轴旋转，由于摩擦

力的作用，在脚尖与脚跟同时存在两个方向完全相反的摩擦力，进而形成以脚心为中心的旋转力矩。

因此，可以将陈式太极拳的足劲简化为三类：向上反弹劲、水平摩擦劲和垂直拧转劲。向上反弹劲，可以将劲力由下向上逐节传递，由根节至梢节，节节贯串。水平摩擦劲，推动身体重心左右、前后移动，上肢、下肢各关节的屈伸和空间位置的诸多变化。垂直拧转劲，形成周身各关节部位的螺旋缠绕。

这三种劲力，在整个陈式太极拳传统套路演练过程中，几乎是同时存在的，尤其是向上反弹劲与垂直拧转劲全程劲力不丢，水平摩擦劲在起势和收势时双脚并步的短暂瞬间可能不会出现，且前后的摩擦劲与左右的摩擦劲不会同时并存。

在三种劲力中，特别要注意加强垂直拧转劲的练习，拧转时可顺时针也可逆时针，分别对应不同方向的缠丝劲。右脚顺时针拧转时，右腿顺缠，反之逆缠；左脚顺时针拧转时，左腿逆缠，反之顺缠。当以脚心拧转比较困难时，还可以用脚尖或脚跟作为旋转中心，形成腿部同样的顺逆缠丝。

在垂直拧转劲中，当脚尖向外、脚跟向里拧转时，腿部相应地为顺缠丝，此时由于人脚部的特殊结构，水平摩擦劲相应会变小，反之脚尖向里、脚跟向外拧转时，腿部相应地为逆缠丝，水平摩擦劲会相应变大。故而，有些太极拳流派对缠丝劲的理解是存在争议的。比如有些流派认为腿部缠丝劲不应有顺缠丝，而只能是逆缠丝，顺缠丝会减弱足劲、损伤关节，而逆缠丝则会增强足劲、保护关节，其中原理，留给感兴趣的爱好者进一步研究。

五、身劲

劲力由足沿腿上行，腿部没有独立的劲力运用，仅仅向上传导足底蹬搓劲、拧转劲而已，蹬搓劲使踝、膝关节由屈变伸或由伸变屈，拧转劲产生顺逆缠丝，因此，不再也不需要单独讨论腿部的劲力形式，直接过渡到身上的劲力。

身劲由下至上，劲力依次通过胯、腰、胸等三个部位，不同的部位传递的方式也不同，可细分为胯劲、腰劲和胸劲。

胯劲，外在表现为单侧横移、前后折迭、左右缩翻和上下提降，其中上下提降在陈式太极拳传统套路中不存在，在推手对抗和其他派别太极拳中有专门的练法。单侧横移，是指双胯向身体一侧（左侧或右侧）同向同时移动，其劲力来源于单侧腿劲的推动，向左侧移动时，来自右足的蹬劲，向右侧移动时，来自左足的蹬劲。前后折迭，是指双胯向身体前方或后方同向同时移动，其劲力来源于双腿劲力的传导，由双足的前后搓劲来实现。左右缩翻，是指一胯向后缩，一胯向前翻，两胯的运动方向相反，其劲力来源于双足的拧转劲，经由双腿的缠丝劲传递而来。

腰劲，外在表现为折迭和拧转。折迭，可以前后折迭，也可以左右折迭，在陈式太极拳传统套路新架中表现十分明显，在老架中出现的概率较少，是指在保持胸椎基本不动的条件下，腰椎向前、向后、向左、向右的折摆，是陈式太极拳鞭梢劲的来源。拧转，是以腰椎为轴，左右旋转，其旋转的角度受到腰椎关节运动幅度的限制。

胸劲，外在表现与腰劲一样为折迭和拧转。胸的折迭，同样分左右折迭和前后折迭，在保持腰椎基本不动的条件下，胸椎向前、向后、向左、向右的折摆，也可与腰椎一起做相反方向的折迭运动。胸的拧转，是以胸椎为轴，左右旋转，其旋转的角度同样受到胸椎关节运动幅度的限制。

六、手臂劲：一圈动八劲出

经过身劲的运化，劲力继续沿肩、肘、手层层催动，伴随着手臂的圆转缠丝，“掤、捋、挤、按、采、挒、肘、靠”等太极八法劲力一一展现，一圈动，八劲出，至此，全身的劲力完成一次完整的节节贯串。

严格来讲，太极八法并非仅仅表现在手臂上，在身体的任何一个部位都可以运用，但是，在当前阶段，不需要将八种劲力融会贯通至其他部位，只要将手臂上的劲力弄清楚即可，也就是我们经常听到的“梢节劲”。

暂且抛开八种劲力的概念和具体应用，先说一下为什么会“一圈动、八劲出”，形象直观地理解太极拳为什么会出现这八种劲力。所谓“一圈动”，就是手臂以肩为旋转中心绕行一圈，“八劲出”，就是手臂绕行一圈，因缠丝劲的运用，手臂螺旋缠绕，在一圈的不同位置，会产生八种不同的劲力。

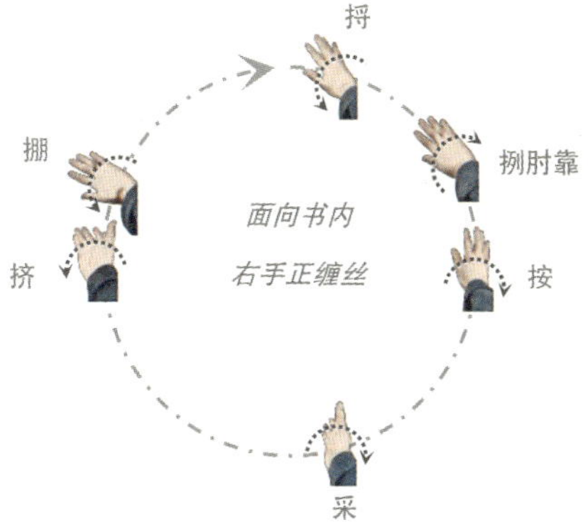

以右手正缠丝为例，以懒扎衣最后定式为初始态，由右上向左斜下顺缠至腹前为“采”，由右下向左斜上顺缠至左肩高为“挤”，原地变逆缠为“掤”，由左上

向右前逆缠至右肩前为“捋”，再向右侧逆缠至右肩侧，以整条手臂发劲为“挒”，以肘发劲为“肘”，以肩发劲为“靠”，最后顺缠向下恢复至原姿势为“按”。

虽然练习太极拳的人几乎都可以对太极八法“掤、捋、挤、按、采、挒、肘、靠”脱口而出，但是细心揣摩、认真研讨这八种劲力的却少之又少，能够做科学描述和动作示范的更不多见，甚至于太极拳各个流派及其太极名师们，对其内涵的理解亦差别极大。

顾留馨老师认为：“在全动之下掌心由内向外缠丝，称为掤劲；在全动之下掌心由外向内缠丝，称为攦[1]劲；双手同时将劲交叉向外掤出，称为挤劲；掌心向下圈沾着一点而不离开的下掤劲，称为按劲；两手交叉向左右、前后双分的掤劲，称为采劲；将掤劲捲蓄起来，在短距离内猛然一抖而弹出的劲，称为挒劲；手腕出了方圆圈，用二道防线肘的掤劲掤出去，称为肘劲；肘出了方圆圈外，用三道防线身躯的掤劲掤出去，称为靠劲。”[2]

洪均生老师对掤劲有独到的见解，认为：“掤有二义，一是指‘劲’。即通过螺旋运动的顺、逆互变，持久锻炼自然产生的一种劲，就是‘缠丝劲’，陈发科师称之为掤劲，也就是一般所说的内劲。运用这种劲贯穿于各种手法的便是掤、捋、挤、按、采、挒、肘、靠八法。二是指的手法八法之一的掤法。掤法是用以迎接对方来手的着法。由于对方进攻的手可以来自四面八方，所以陈式的掤法有正、反。从正面接手如第一金刚捣碓第一动作为正掤，从背后接手如二起脚、抱头推山、二路中的伏虎第一动

[1] 攦：现在统一写为捋。
[2] 沈家桢，顾留馨：《陈式太极拳》，人民体育出版社，1994：14 页。

作都属于反掤。掤法是因敌而变的，所以可以用顺缠接金刚捣碓、抱头推山、二起脚，也可以用逆缠如伏虎。第一捣碓是左侧掤法，第三捣碓是右侧掤法。左侧掤用逆缠，右侧掤则用顺缠（有人说顺缠为掤，未妥）。还有其他左、右、上、下、进、退之分，不再一一介绍。总而言之，掤法是以引化为主的。”[1]

洪均生老师讲捋、采、挒劲时，认为：“捋、采、挒都是自身左右引进对方来力使之落空的着法，但手部自转与公转的配合、力的分合、圈子的大小各有不同。捋、采、挒接手的规律，陈式要求‘右手来，右手迎；左手来，左手迎’。我根据陈师示范和个人实践经验，加上‘靠外侧迎’四字，因为这样做可以用一只手制住对方的双手。”[2]

洪均生老师讲挤、按劲时，认为：“挤是手背向外，按则手心向外，亦有单双、左右之分。须知顺逆缠法互变，挤按互变只在一反掌之间，全因敌而变化。”[3]

洪均生老师讲肘劲时，认为：“陈式的肘法也有数种，如顺拦、拗拦、连环等法，发肘的方向和步的方向一致的为顺拦（陈式各书均为顺鸾、拗鸾，‘鸾’字对这个着法没有什么意义，‘鸾’乃‘拦’字之误。因肘法是截拦对方劲路而发的，故我改为顺拦、拗拦），和步的方向相反的为拗拦。二路手肘式（原名兽头式），两手互发而两肘向后互发，故称为连环肘。但应注意，陈式发肘都是步法进到一定步位，双方身体已经接近才因敌而发。所以顺拦的肘用逆缠发劲，手心正对心口，肘尖略出肋部：拗拦

[1] 洪均生：《陈式太极拳实用拳法》，山东科学技术出版社，1989：15 页。
[2] 洪均生：《陈式太极拳实用拳法》，山东科学技术出版社，1989：15 页。
[3] 洪均生：《陈式太极拳实用拳法》，山东科学技术出版社，1989：16 页。

肘则系左引右发，用顺缠下塌外碾的劲，肘虽离胸数寸，手仍不超过胸前。”[1]

洪均生老师讲靠劲时，认为：“陈式靠法亦分数种：有肩靠、胯靠、臀靠、膝靠。肩胯靠均于步法进到对方腿部内或外方，躯干十分接近时，足尖一踏，即行发劲。方向是偏于左右两侧的，身体在发劲时，只作左右旋转，不许以身找人。臀靠向下塌裆劲以压对方腿部，如穿地龙第二动作是解决背后有人搂住腰部的着法。膝靠是正面进膝攻对方裆部的着法。陈师也经常嘱咐，这是与生命攸关之法，不许随便使用。”[2]

诸多解释不一而足，将之归结起来，可用一首四言诗来概括。

掤为支撑，余劲皆藏。
捋应顺力，任由他往。
挤用掌背，身后劲张。
按在掌心，可向四方。
采使双劲，一下一上。
挒打回力，前引后放。
肘随腰动，十发九伤。
靠必贴身，唯转难防。

掤劲：是一种无过不及、不丢不顶的劲力状态，不具备进攻性，不能主动产生，仅在被动防御时出现，是外力作用于身体后，通过自然松沉，将外力引至脚底，而后地面对脚底产生一种反弹支撑力，该力通过全身骨节肌肉传递至外力作用点，其大小与外力的大小相等，方向与外力相反，与外力同时存在、同时消失。掤劲，是一种弹性劲，可随外力的大小灵活变化，方向也随机多变，可应对来自上下左右前后等诸多方向的来力，是其余七种劲

[1] 洪均生：《陈式太极拳实用拳法》，山东科学技术出版社，1989：16 页。
[2] 洪均生：《陈式太极拳实用拳法》，山东科学技术出版社，1989：17 页。

的基础劲，其余劲必须以掤劲为根，才能有效施展。当独自练习太极拳时，此时的外力仅仅为自身重力，周身的掤劲总体上表现

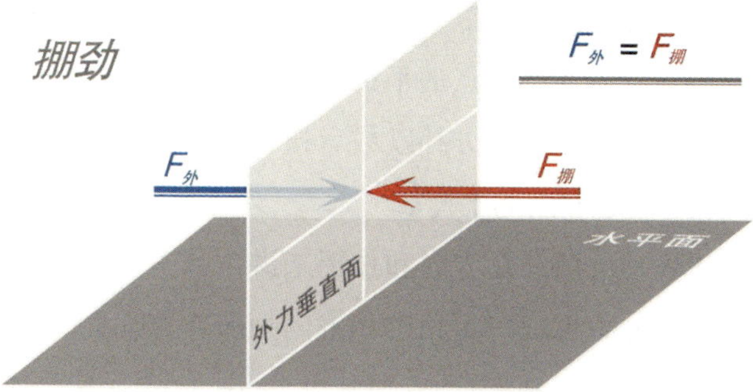

为向上的支撑，大小与自身的重力相等，而局部的掤劲则与该部位的受力大小与方向有关。当然，每个人受限于自身的结构，掤劲的大小是有限度的。除掤劲外，其余七种劲力皆为主动进攻的劲力。掤劲的本质，是为了与外力形成动态的平衡，使双方在接触点保持静止状态或匀速直线运动状态。

捋劲：是沿外力垂直面正方向（与外力方向同向）额外施加的劲力，力量可大可小，可与外力方向相同，也可与外力形成一

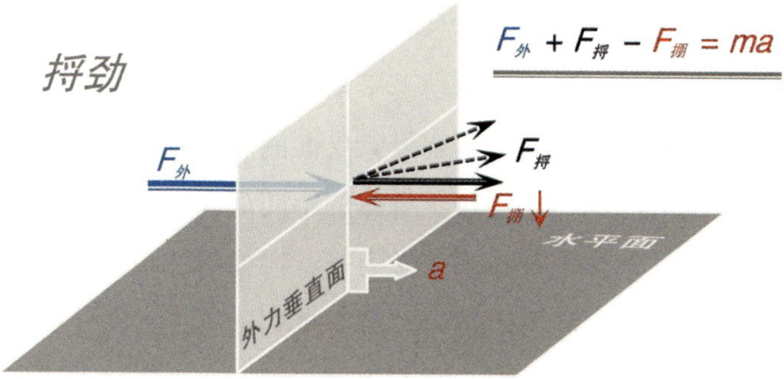

定角度，突然减小掤劲或撤去掤劲，使外力失去瞬时平衡，在捋劲的叠加下，破坏对手的重心，使之沿外力与捋劲的合力方向产

生加速运动，达到陈式太极拳引进落空的技术效果。能掤则掤，掤劲不足，则先以捋劲化解来力，待来力变化后再酌情应对。捋劲的本质，是在掤劲不足以抵抗外力的条件下，或者故意示弱的基础上，破坏双方在接触点的平衡状态，使之产生对自己有利方向的加速运动，进而使对方扑跌或者扭转自己的不利态势，以期重新在有利位置建立新的平衡。

挤劲和按劲：两劲从方向和作用来讲，其实是一种劲，都是迎着外力，与外力形成一定角度，方向朝向外力垂直面的反面，

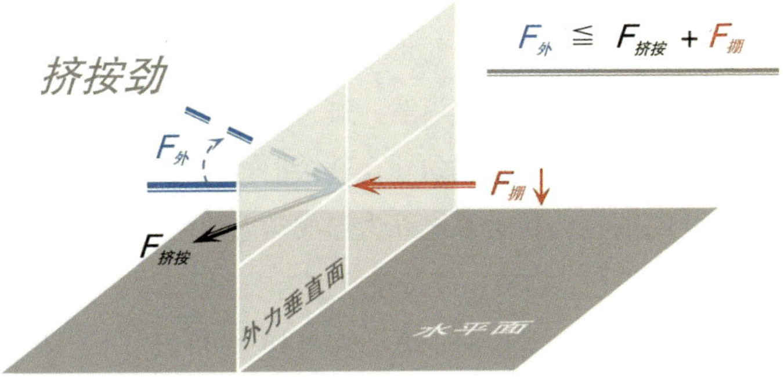

作用是减轻正面掤劲的压力，使来力产生一定角度的偏转，在挤按劲的叠加下，与掤劲形成合力，共同抵抗变向的外力，进而占据新的有利位置，建立新的动态平衡。如果挤按劲足够大，可以在局部形成大于外力的有利态势，反而能够将对手向前推出或跌出。挤与按的区别，仅仅在于身体的不同部位用劲，正面用劲为按，反面用劲为挤；顺为按，逆为挤；比如当掌心朝外用力时比较方便，也能够顺利使出劲力，则为按劲；用掌背朝外用力时比较困难，不容易使出劲力，则为挤劲。因此，挤按劲本质上是相同的，只是因身体结构的差异有所区别而已。挤按劲的方向并非

只有向前或向下，还可以向上、向左、向右，也可以向斜方向，总之，只要朝向外力垂直面的反面即可。

采劲：是一种比较特殊的劲，与其他劲力不同，涉及两个作用点。在两个作用点处，同时施加劲力，两处劲力方向相反，可以一上一下，也可以一左一右，同样可以一前一后，斜方向的用

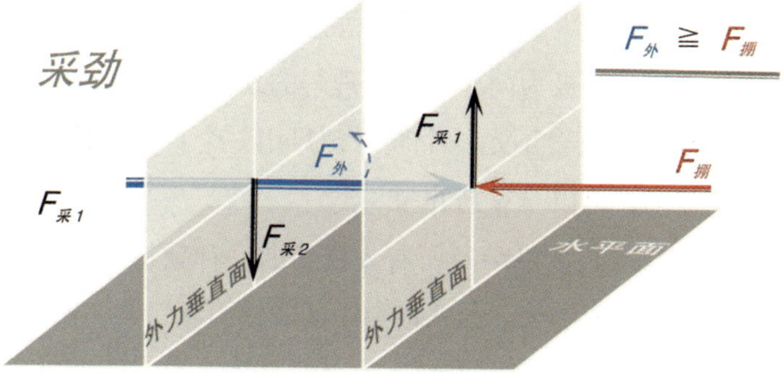

劲也没问题。采劲的本质，还是使外力旋转改变方向，一方面破坏对手进攻节奏，另一方面减轻掤劲压力，调整动态平衡。采劲的方向如果在外力垂直面平面内，则可以称为掤采；方向如果在外力垂直面正面方向，则可以称为捋采；方向如果在外力垂直面反面方向，则可以称为挤采或按采。

挒劲：是沿着与外力完全相反方向打出的劲力，其作用线与

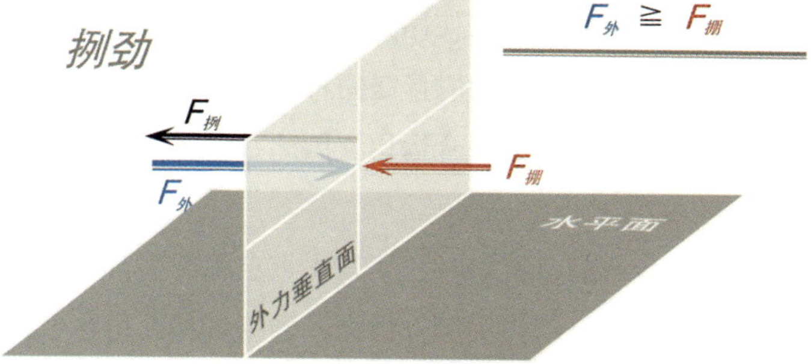

外力作用线不在同一直线上，完全避开外力，以避实击虚的指导思想来打击对手的其他薄弱部位。由于挒劲几乎是迎着外力的来向打回去的，又称打回力，但是并非将外力强行顶回去。挒劲的本质，是以掤劲抵抗住对手的来力，再迅速沿来力反方向贴着来力进行反击，尽量不给对手撤劲防守的时间，出其不意，攻其无备，正奇相生，与太极的阴阳转换思想不谋而合。

肘劲：是一种极为简单且容易理解的劲力，就是用肘来发劲，与以上几种劲力完全不是一个概念，只用一个身体部位来表述，感觉有点多余，可以与靠劲并为一类。

靠劲：是陈式太极拳及所有太极拳的一种独特劲力，其他武术流派中也有类似的劲，如八极拳中的“铁山靠”或“贴山靠”，但以靠劲作为独立技击方法的，太极拳是独一家。所谓靠，就是用身体的某一部位接近对手，用该部位快速短促地撞击对手，比较常见的有肩靠（前肩靠、背着靠），还有胸靠、背靠、胯靠、臀靠、膝靠等，是与对手直接力量对抗的劲力运用方法。因此，肘劲也可以叫肘靠，拳也可以叫手靠。

通过以上八种劲力的说明，可以看出，太极拳特别是陈式太极拳，在追求以弱胜强、以小力搏大力的过程中，除了与外力的直接对抗外，几乎将劲力的使用方向和方法都展现了出来，有时是单个劲力的运用，大多的时候是两种劲力的运用，更加深奥的是三种及三种以上劲力的联合运用。因此，劲虽八种，但用却有万般变化。

在练习劲力的节节贯串时，尤其要重点练习手臂上的八种劲力，要在套路的每个动作中深入体会，领悟各种劲力在手臂上的表现，既领悟单劲，更要领悟多劲的协同。

七、弹抖劲：共振的力量

陈正雷老师曾将陈式太极拳的发力精炼地归纳为七种：弹抖力、穿透力、惊炸力、刹车力、十字撑力（或称对拉力）、冲击力、合力。其实将这几种发力称为劲更为贴切，因为上述无论哪一种力，都不是物理学意义上的纯力，都是力的作用效果，称之为劲最合适。七种劲中，以弹抖劲最能代表陈式太极拳的特点，在拳架套路中表现也最为明显，可以直观地看到，既美观又极具震撼力。

先说一下弹抖劲的基本原理。弹抖，其实就是传统意义上的振动，又称振荡，是指一个状态改变的过程，即物体的往复运动。振动是自然界最普遍的现象之一，大至宇宙，小至原子粒子，自然界的声、光、热，人体的心脏、耳膜和声带等一切，无处不在。而陈式太极拳中的弹抖，就是这种振动的一种表现形式，是身体各关节部位在一定幅度内做往复运动而产生的外在形态。振动是需要能量的，弹抖当然不能例外。独自一人练拳时，其能量来自地面的作用力，水平的摩擦力推动身体前后左右移动，垂直的支撑力控制重心的上下位移；双人对抗时，其能量还来自对手的做功。这些能量，就是支撑弹抖劲的物质基础。此外，要想实现弹抖，使弹抖的幅度更加明显，还需要将这些能量充分吸收，最大限度地使之用于关节部位的振动中，这就要求各关节部位周边的肌肉要保持尽量放松，不要额外消耗本就不多的能量。因此，总结起来，弹抖的原理，就是肌肉松、关节活、能量足、往复动。

再说一下弹抖劲的分类。从方向上分，弹抖劲可以分为纵向弹抖劲和横向弹抖劲；从身体部位上分，弹抖劲可以分为整体弹抖劲和局部弹抖劲；从劲力传导方式上分，弹抖劲可以分为后坐式弹抖劲和牵引式弹抖劲；从胯部的运动形态上分，弹抖劲可分为旋转式弹抖劲、横移式弹抖劲和折迭式弹抖劲。沿人体骨骼的中心轴线往复运动的叫纵向弹抖劲，如掩手肱拳右拳向前冲打时，右拳的前后弹抖；沿人体骨骼中心轴线垂直面往复运动的叫横向弹抖劲，如老架二路中的全炮捶，左右手臂向左右侧后击打时产生的弹抖劲。弹抖时全身关节部位都在做一定幅度的往复运动，叫整体弹抖劲，比较吃功夫，也十分考验练拳者周身的放松程度；弹抖时仅一部分关节部位或单一关节部位在做往复运动，叫局部弹抖劲，在独自套路演练中尽力避免出现，但在双人对抗中往往可以发挥奇效。后座式弹抖劲，是指劲由足起，一节一节通过踝、膝、胯、腰、肩、肘、手的顺序发出来，犹如枪管炮管内火药推动弹丸的运动，由下至上产生的弹抖劲；牵引式弹抖劲，是指劲先由手起，将手劲先抛出来，而后手带着肘、肩、腰、胯、膝、踝、脚等一起运动形成的弹抖劲，又可以叫梢节劲。旋转式弹抖

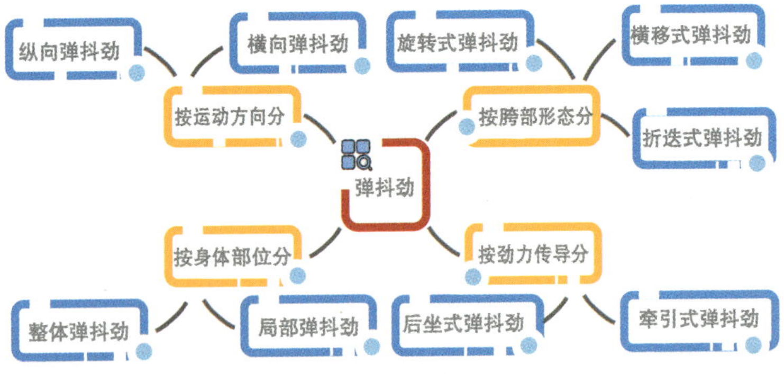

劲，双胯一前一后往复运动，犹如在水平面上画圆；横移式弹抖劲，双胯同时向左，或者双胯同时向右，外在表现的是臀部左泛

和右泛；折迭式弹抖劲，双胯同时先向前再向后，或者双胯同时先向后再向前，即双胯做前后折迭的动作，外在表现的是臀部敛和泛的周期变化，先前再后或先敛后泛，用在向身体前方发劲时，如胸靠，先后再前或先泛后敛，用在向身体后方发劲时，如背靠。

还需说一下弹抖劲的作用。陈式太极拳采用弹抖劲，决定因素有两个。因素一，陈式太极拳以柔制刚、以弱胜强的技击手段。众所周知，以力取胜，力大胜力小，力强压力弱，这是常理，用的是物理学上压强的原理，单位面积的压力越大，打击效果越好，不需要太多的技巧与方法，反之则较为困难。陈式太极拳另辟蹊径，利用了物理学上振动中的共振原理，在两种物体振动频率基本一致的条件下，两种物体将产生比原有振幅大得多的振动。陈式太极拳在发弹抖劲时，自身会以一定频率来振动，如果这个频率十分接近对手的内脏尤其是心脏的固有频率，对手的内脏将同频共振，往往会超过平时振动的数倍，造成心慌、胸闷等结果，极大地损伤对手内脏，这也是陈式太极拳内家拳的根本要义。因素二，陈式太极拳伤人而不自伤的技术特性。由于长时间练习弹抖劲，自身内脏特别是心脏对该频率的适应度比较好，不会因共振而反噬，同时在发弹抖劲时要求周身骨节肌肉极大放松，避免出现肢体僵硬，可以将弹抖劲产生的共振部位限制在一定范围内，不使之或尽量少使之传递至五脏六腑，这也是陈式太极拳发劲后立即放松的原因。

八、虚实比例：外三七内七三足平分

从开始练习陈式太极拳，老师就不断教导说，陈式太极拳的重心是偏向一侧的，要时刻注意虚实分明，老架一路要做到重心

三七分，新架一路要做到重心四六分。不管是三七分也好，还是四六分也罢，总之要虚实分清。

那么怎样才能做到三七或四六呢？

一种方法是比例法。在两脚心之间画一条线，将之十等分，在动作定式时，身体重心线刚好将线段分为 7 和 3 两部分，不同的动作可以是 6 和 4，8 和 2，9 和 1，等等。重心线，就是过肚脐（神阙穴）或丹田与地面垂直的线。这种方法，对练习者本身来讲不好掌握，既很难观察到，也不好测量，只是一种最直观形象的定义。

另一种方法是称重法。将一只脚如支撑脚踩在体重秤上，自己可以直观读出具体的数值，用该数值去除以全身的体重值，如果在 0.7 左右，就是三七分，数值 0.6 左右，就是四六分。该方法简单实用，容易调整动作进行纠正，对掌握虚实的比例有较大的帮助。

称重法

以上所述的两种方法测得的数据，是根据外形动作得到的，叫外三七。

内七三，则指在外三七的条件下，两条腿内在劲力的虚实比例其实是反的，也就是说，当重心腿为左腿时，左腿承受了全身重量的七分，右腿承受了全身重量的三分，而实际上左腿的肌肉要尽量放松，只使出肌肉力量的三分，而右腿的肌肉要略微用力，要使用肌肉力量的七分。因此，外七三，就是实腿七分重量，虚腿三分重量，而内七三，则是虚腿七分劲，实腿三分劲。

内七三

足平分，则是指脚底的横向摩擦力是相等的。在陈式太极拳

套路运动中，由于动作缓慢匀柔，在某一瞬间，可以把身体的运动近似为匀速直线运动，此时，唯一推动身体重心在水平面移动的外力仅为双脚的摩擦力，这两个摩擦力必然大小相等、方向相反，而摩擦力的大小又与脚和地面的压力成正比，因此，外三七形成的虚脚重量不足由内七三形成的虚脚劲弥补，使得两脚对地面的压力几乎相等，从而使地面对两脚的摩擦力近乎相等。故而，足平分是外三七与内七分的必然结果。

九、双重

“双重”是太极拳经典理论中广为人知的一个概念，最早出现于王宗岳《太极拳论》之中：“……偏沉则随，双重则滞。每见数年纯功，不能运化者，率皆自为人制，双重之病未悟耳！”[1] 令人遗憾的是，王宗岳仅仅是提出了“双重”的练拳之病，却并未将“双重”的具体含义说清楚，致使后人理解不一。

《杨家老谱三十二目》“太极轻重浮沉解”中讲：“双重为病，干于填实，与沉不同也；双沉不为病，自尔腾虚，与重不易也。双浮为病，只如缥缈，与轻不例也；双轻不为病，天然清灵，与浮不等也。半轻半重不为病，偏轻偏重为病。半者半有著落也，所以不为病；偏者偏无著落也，所以为病。偏无著落，必失方圆；半有著落，岂出方圆？半浮半沉为病，失于不及也；偏浮偏沉，失于太过也。半重偏重，滞而不正也；半轻偏轻，灵而不圆也。半沉偏沉，虚而不正也；半浮偏浮，茫而不圆也。夫双轻不近于浮，则为轻灵；双沉不近于重，则为离虚，故曰‘上手’。轻重半有著落，则为‘平手’。除此三者之外，皆为‘病手’。盖内

[1] 王宗岳等：《太极拳谱》，人民体育出版社，1995：25 页。

之虚灵不昧，能致于外气之清明，流行乎肢体也。若不穷研轻重、浮沉之手，徒劳掘井不及泉之叹耳！然有方圆四正之手，表里精粗无不到，则已极大成，又何云四隅出方圆矣！所谓方而圆，圆而方，超乎象外，得其寰中之上手也。”[1]

顾留馨老师对《杨家老谱三十二目》中提到的“轻重浮沉”，用表格的形式进行了详细说明，将之分为十二类，其中三类为“功手”，九类为“病手”。三类功手为：双轻、双沉、半轻半重，九类病手为：双重、双浮、偏轻偏重、半浮半沉、偏浮偏沉、半重偏重、半轻偏轻、半沉偏沉、半浮偏浮。[2]

洪均生老师讲到双重时，说：“我们明白调节重心平衡的道理和方法就可以体会到什么是双重，并且怎么避免双重了，双重绝不是单纯在腿上讲的，有人认为腿一虚一实就不是双重，骑马式的步子是双重的，但在不会掌握全身平衡调节的人，步法虚实虽然分清了，怎么更站不稳？而拳里为什么又保留骑马式的步法。所以双重是说手足的配合，前手足同实，则后手足必全虚。全实是双重，就不灵活。所谓‘双重则滞’不是进退前手足必须是一虚一实，就是腿必须虚。”[3]无怪乎陈小旺老师对双重的理解就是一句话，不能灵活转化就是双重，能灵活转化就不会产生双重。

那么，有没有一种简单的方法来判断是否犯了双重或产生病手了呢？

其实，双重的概念还是建立在太极的基本理论之上。太极分阴阳，阴不离阳，阳不离阴，阴阳一体，阴阳平衡，阴平阳秘，

[1] 杨振基：《杨澄甫式太极拳》，中国国际广播出版社，2000：256 页。
[2] 沈家桢，顾留馨：《陈式太极拳》，人民体育出版社，1994：35 页。
[3] 洪均生著，光宗先生抄录：《陈式太极拳实用拳法旨要阐微》，内部资料，2005：10 页。

万物才能保持健康发展。将之引申到武术乃至太极拳的领域，在某一动作瞬间，在圈定的特殊范围内，关节转关受限，或者身体重心不稳，又或者出现僵劲拙力，纯阳无阴，或全实无虚，就是双重；纯阴无阳，或全虚无实，就是双浮。如果关节转关灵活，身体重心稳定，周身掤劲不僵，即便纯阳无阴，或全实无虚，亦非双重，而应称之为双沉；纯阴无阳，或全虚无实，也非双浮，而应称之为双轻。

比如，在单人练习拳架时，判断是否出现双重，可以在某个定式时，将身体从不同角度对半分开，观察两半是否一阴一阳，同时感受关节是否圆转自如，重心是否稳定，是否使用了僵力拙力。在与人对抗时，可以以接触点周边区域作为特定范围，对手和自己各为一半，观察和感受虚实的变化，同时也要注意关节的圆转、重心的稳定及僵力拙力的问题。

以陈式太极拳懒扎衣定式为例。从水平和垂直方向将人体分成四个区域：左上区为右手，右上区为左手，左下区为右脚，右下区为左脚；同时也可以水平线将人体分为上下两个区域：上半区为手，下半区为脚；也可以垂直线将人体分为左右两个区域：

左半区为右手右脚，右半区为左手左脚。下面来分析各区域的阴阳和虚实。

仅考察右手右脚，左上区右手为实为阳，左下区右脚应为虚为阴，如若同为实为阳，同时判断关节、重心、用力三要素，有可能出现双重。

仅考察左手右手，左上区右手为实为阳，右上区左手应为虚为阴，如左手同为实为阳，再判断关节、重心、用力三要素，也有可能产生双重。

考察全身，上半区为虚为阴，下半区应为实为阳，如若上半区亦为实为阳，综合判断关节、重心、用力三要素，造成双重的概率极高。

因此，单凭某个部位的虚实，无法判断是否犯了双重之病，要综合考虑关节的灵活性、重心的稳定度和用力的适度性等三方面的因素，再结合虚实的关系，才能真正确定。至于为什么双沉和双轻不为病，反而为上手，原因就是双沉和双轻并不会影响关节的灵活、重心的稳定，也不造成用力的僵硬。

第三节 基础功法

节节贯串需要掌握的基础功法比较多，几乎要明晰周身所有关节部位的劲力传导规律，还要加强陈式太极拳独特的发劲练习，了解发劲的形式、特点及基本练法，同时继续加深对缠丝劲的理解与感悟。

一、足底三劲

陈长兴《用武要言和战斗篇》有云：“力从足上起，足起犹火作。”[1]足底劲是陈式太极拳的根本劲，无论劲先从何处发起，都必须经过足底转换这一关，才能将劲力贯注全身、收放自如。

结合本阶第二节拳理铺陈中对足劲的阐述，根据陈式太极拳的技术特点，压、弹、蹬、搓、拧等基本运动会在足底产生三种劲，即向上反弹劲、水平摩擦劲和垂直拧转劲，可采用单手缠丝来强化足底劲力练习。

右足顺缠，足尖向外旋，足跟向内旋，有向右运动的趋势，受到向左的摩擦力。

❶ 左足逆缠，足尖向内旋，足跟向外旋，有向左运动的趋势，受到向右的摩擦力。

右足逆缠，足尖向内旋，足跟向外旋，有向右运动的趋势，受到向左的摩擦力。

❷ 左足逆缠，足尖向内旋，足跟向外旋，有向左运动的趋势，受到向右的摩擦力。

[1] 陈正雷：《陈式太极拳全书》，上卷，人民体育出版社，2008：445页。

右足逆缠，足尖向内旋，足跟向外旋，有向右运动的趋势，受到向左的摩擦力。

左足顺缠，足尖向外旋，足跟向内旋，有向左运动的趋势，受到向右的摩擦力。

右足逆缠，足尖向内旋，足跟向外旋，有向右运动的趋势，受到向左的摩擦力。

左足逆缠，足尖向内旋，足跟向外旋，有向左运动的趋势，受到向右的摩擦力。

二、四级旋转

根据人体脊柱的结构特点，可以将旋转分为四级：一级为胯旋转，二级为腰旋转，三级为胸旋转，四级为肩旋转。由一级至四级，旋转的角度逐级变大。劲力由足传至手的过程中，要逐级完成四级旋转才是真正的节节贯串。

三、胯部弹抖

陈式太极拳的弹抖劲，以胯部弹抖为主要方式，可分为旋转式发劲、横移式发劲和折迭式发劲三种，三种发劲已经在前节中进行了说明，这里不再重复，只讲一下练习的方法和手段。

（一）慢柔往复弹抖

以缓慢的速度，以轻柔的动作，两胯先向一个方向做旋转、横移、折迭运动，再迅速放松胯部，使两胯在身体肌肉的自然阻力下做多次回弹。

旋转式慢柔弹抖

横移式慢柔弹抖

折迭式慢柔弹抖

（二）定位短促弹抖

先摆定一个动作姿势，保持除两胯之外其他肢体尽量不动，两胯快速做旋转、横移、折迭运动，瞬间形成弹抖。

旋转式短促弹抖

横移式短促弹抖

折迭式短促弹抖

（三）器械辅助弹抖

使用棍、枪、大杆及现代新的训练器械如弹力杆等，利用其本身所具有的弹性，来辅助带动两胯的弹抖。弹力杆是一种十分方便的训练辅助器械，本身弹性好，也便于携带，对弹抖劲的训练效果很好。

弹力杆——旋转式弹抖

弹力杆——横移式弹抖

弹力杆——折迭式弹抖

四、单手八缠

有必要先讲清四组基本概念。一是顺缠与逆缠。关于顺缠和逆缠，在第一阶拳理铺陈中已经讲得很清楚了，单从手臂缠丝来讲，有一句口诀总结得很好，“小指里合大指合即顺缠，大指里合小指开即逆缠”。二是正缠与反缠。以运动时掤劲在掌心和掌背来区分，掤在掌心为正缠，掤在掌背为反缠。三是正身与反身。以腰的旋转方向来确定，正身是指向实心腿外侧旋转腰，反身是指向虚腿外侧旋转腰，与第一阶基础功法中身法的正身法和反身法是一致的。四是上弧与下弧。运动中，起点和落点均低于运动点的路线为上弧，反之为下弧。

由四组概念而引申出八种单手缠丝，简称“单手八缠”。

（一）正身正缠下弧顺缠上弧逆缠

右偏马步，左手叉腰，右手向右侧前掤，腕高与肩平，掌心斜向右侧。	裆走后弧，重心左移，成左偏马步，右手顺缠走右下弧线，至右腹前，掌心朝向左侧。	腰向左转，右手继续顺缠走左下弧线，上挤至身体中线，高度与肩平，掌心斜向上方。	裆走后弧，重心右移，成右偏马步，右手逆缠走左上弧线，运动至右肩前，掌心向前。	腰向右转，右手继续逆缠走右上弧线，右捋至身体右侧，恢复初始姿态。

（二）正身正缠上弧顺缠下弧逆缠

右偏马步，左手叉腰，右手向右侧前掤，腕高与肩平，掌心斜向右侧。	裆走后弧，重心左移，成左偏马步，右手顺缠走右上弧线，至右肩前，掌心朝向左侧。	腰向左转，右手继续顺缠走左上弧线，上挤至身体中线，高度与肩平，掌心斜向上方。	裆走后弧，重心右移，成右偏马步，右手逆缠走左下弧线，至右胯前，掌心朝向下方。	腰向右转，右手继续逆缠走右下弧线，右掤至身体右侧，恢复初始姿态。

（三）正身反缠下弧逆缠上弧顺缠

右偏马步，左手叉腰，右手向右侧前掤，腕高与肩平，掌心斜向右侧。	裆走后弧，重心左移，成左偏马步，右手逆缠走右下弧线，至右腹前，掌背朝向左侧。	腰向左转，右手继续逆缠走左下弧线，上挤至身体中线，高度与肩平，掌背斜向上方。	裆走后弧，重心右移，成右偏马步，右手顺缠走左上弧线，运动至右肩前，掌背向前。	腰向右转，右手先顺缠后逆缠走右下弧线，右掤至身体右侧，恢复初始姿态。

（四）正身反缠上弧逆缠下弧顺缠

右偏马步，左手叉腰，右手向右侧前掤，腕高与肩平，掌心斜向右侧。	裆走后弧，重心左移，成左偏马步，右手逆缠走右上弧线，至右肩前，掌背朝向左侧。	腰向左转，右手继续逆缠走左上弧线，上挤至身体中线，高度与肩平，掌背斜向上方。	裆走后弧，重心右移，成右偏马步，右手顺缠走左下弧线，运动至右胯前，掌背向下。	腰向右转，右手继续先顺缠再逆缠走右下弧线，右掤至身体右侧，恢复初始姿态。

（五）反身正缠下弧顺缠上弧逆缠

左偏马步，左手叉腰，右手向右侧前掤，腕高与肩平，掌心斜向右侧。	裆走后弧，重心右移，成右偏马步，右手顺缠走右下弧线，运动至右腹前，掌心向左。	腰向左转，右手继续顺缠走左下弧线，上挤至身体中线，高度与肩平，掌心斜向上方。	裆走后弧，重心左移，成左偏马步，右手逆缠走左上弧线，运动至右肩前，掌心向前。	腰向右转，右手继续逆缠走右上弧线，右捋至身体右侧，恢复初始姿态。

（六）反身正缠上弧顺缠下弧逆缠

左偏马步，左手叉腰，右手向右侧前掤，腕高与肩平，掌心斜向右。	裆走后弧，重心右移，成右偏马步，右手顺缠走右上弧线，运动至右肩前，掌心向左。	腰向左转，右手继续顺缠走左上弧线，上挤至身体中线，高度与肩平，掌心斜向上方。	裆走后弧，重心左移，成左偏马步，右手逆缠走左下弧线，运动至右胯前，掌心向下。	腰向右转，右手继续逆缠走右下弧线，右掤至身体右侧，恢复初始姿态。

（七）反身反缠下弧顺缠上弧逆缠

左偏马步，左手叉腰，右手向右侧前掤，腕高与肩平，掌心斜向右侧。	裆走后弧，重心右移，成右偏马步，右手逆缠走右下弧线，运动至右腹前，掌背向左。	腰向左转，右手继续逆缠走左下弧线，上挤至身体中线，高度与肩平，掌背斜向上方。	裆走后弧，重心左移，成左偏马步，右手顺缠走左上弧线，运动至右肩前，掌背向前。	腰向右转，右手先顺缠后逆缠走右下弧线，右掤至身体右侧，恢复初始姿态。

（八）反身反缠上弧顺缠下弧逆缠

左偏马步，左手叉腰，右手向右侧前掤，腕高与肩平，掌心斜向右侧。

裆走后弧，重心右移，成右偏马步，右手逆缠走右上弧线，运动至右肩前，掌背向左。

腰向左转，右手继续逆缠走左上弧线，上挤至身体中线，高度与肩平，掌背斜向上方。

裆走后弧，重心左移，成左偏马步，右手顺缠走左下弧线，运动至右胯前，掌背向下。

腰向右转，右手继续先顺缠再逆缠走右下弧线，右掤至身体右侧，恢复初始姿态。

第四节 一式入阶

零

四阶 · 金刚捣碓

壹

四阶·金刚捣碓

贰

四阶·金刚捣碓

叁

四阶·金刚捣碓

肆

四阶·金刚捣碓

伍

四阶·金刚捣碓

陆

四阶·金刚捣碓

柒

四阶·金刚捣碓

挒

四阶·金刚捣碓

玖

四阶·金刚捣碓

拾

四阶·金刚捣碓

拾壹

四阶·金刚捣碓

拾贰

四阶·金刚捣碓

拾叁

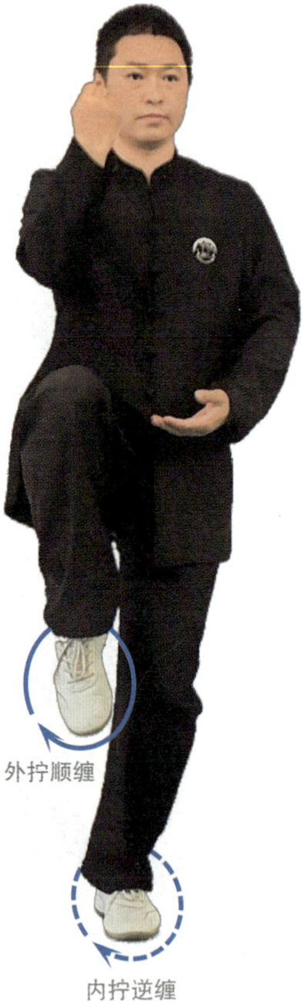

四阶·金刚捣碓

拾肆

四阶·金刚捣碓

拾伍

第五阶 丹田内转

在第二阶丹田与气中，已将丹田的概念进行了一定说明，其作为全身重心所在地，对调动重心的空间位置变化、维系身体的动态平衡，发挥作用巨大，用“牵一发而动全身”来形容其重要地位都不为过。冯志强老师说：“拿住丹田练功，拿住丹田养生，拿住丹田练拳。”[1]顾留馨老师说：“太极拳是内功拳类型的拳种，着重内外兼练，以外引内，由内及外。在外形姿势上大体正确、熟练以后，就可研究‘内动’。”[2]可见，丹田在陈式太极拳中的地位十分重要，丹田的“内动”，在此称为“丹田内转”，需要在熟练掌握陈式太极拳的套路动作之后、技术要领掌握较为全面时进行，不能盲目地过早练习，否则会适得其反。

陈式太极拳历来就有四圈的说法，即大圈、中圈、小圈、无圈。习练的规律就是先大圈，再中圈，而后小圈，最后无圈，因此拳谚说“要想拳练好，先把圈练小”。这里的大圈，就是第一阶“招式临摹”所追求的结果，注意力

[1] 冯志强：《陈式太极拳入门》，人民体育出版社，1993：33 页。
[2] 顾留馨：《顾留馨太极拳研究》，山西科学技术出版社，2008：225 页。

放在肢体动作上，动作幅度比较大，以手、脚的运动为重点，其所途经的路线形成明显半径比较大的圆圈，因而手脚动为大圈。中圈，就是第三阶“以腰领手”的练习要求，注意力放在腰的运动上，动作幅度明显缩小，以腰的运动为主，腰的运动路线半径较小，因而腰动为中圈。小圈，就是本阶“丹田内转”的目标，以丹田的小幅运动带动全身运动，比腰的运动更加隐秘，所以丹田动为小圈。而无圈，则是最高层次的纯粹用意识来指挥周身运动的状态，是我们练习太极拳者孜孜以求的顶级境界。

在本阶段，要着力解决如何让丹田按照自己的意愿并结合陈式太极拳的动作姿势有规律地动起来，这种动开始可能具有主观故意性，久而久之，将变成下意识或无意识的律动，一动而全身无有不动，真正用丹田的运动带动肢体的运动，实现陈式太极拳要求的周身一家、完整一气。

之所以叫丹田内转，而不是叫丹田内动，主要原因在于，丹田在运动时，由于本身结构的特殊性，既可以整体向一侧挤压空间，也可以一部分向一侧挤压空间，同时也可以由两部分同时向两个完全相反的方向挤压空间。当这种挤压空间的动作沿某一个环线方向依次运动时，在人体的感觉上，好似丹田部位在做圆转运动。

丹田内转的实质，是腹部形态有规律、有节奏的改变，运动的能源来自腹部肌肉的扩张与收缩，腹部肌肉越用力，内转的幅度也越大，反之则十分微弱，当微弱至一定程度外人很难察觉时，给人的感觉就是气在摧动而非形在动，人体内部的气感十分强烈。

在此阶段，人体的周身三节基本已经十分放松，身体内部的气感和劲感比较明显、日渐饱满，丹田部位的灵活性越来越强，周身动作皆可由丹田来调度，形象犹如八卦中的坎卦☵，“四阴六阳类好手”，脚下出现比较轻灵的感觉。

第一节 目标标准

这个阶段，关注点全在丹田部位，与以腰领手类似，要始终以丹田为运动核心，每一动都要用丹田来带动周身肢体，同时还要保持全身中正松沉的状态，不能因丹田的向上运动而造成胯顶、肩耸，也不能因丹田的横向移动而引起头歪颈斜，内转要自然顺遂，不能使用僵劲拙力。具体的标准可概括为四个：丹田先动、周身随动、过程松沉、圆转自如。

标准		说明	达标
一	丹田先动	每一个动作要丹田先动，其他部位再动	★★★★★
二	周身随动	丹田一动，其他部位要协调一致地运动	★★☆☆☆
三	过程松沉	丹田动的过程不能破坏全身的松沉	★★☆☆☆
四	圆转自如	丹田各种转动之间要自然转换	★☆☆☆☆

一、丹田先动

与以腰领手相似，在套路练习中，每一个招式每一个动作，都要使丹田先进行内转，而后其他部位才能按照一定次序运动。这一条容易做到，因此必须做到100%（★★★★★），才能达到合格标准。

二、周身随动

丹田内转时，有时可能转四分之一弧，有时转半弧，有时会转整弧，如果想加强丹田内转的练习，也可以多转几圈。不管丹田如何转动，其他部位如腰、手、腿等，要紧紧跟随丹田的速度与节奏，相应地放慢或加快。

该条标准难度系数较高，通常是只顾得上丹田的运动，反而忘记了手脚等部位的运动，大概率会出现丹田内转后的动作停顿，因此，完成度不需要太高，只需 40%（★★☆☆☆）即可。

三、过程松沉

由于丹田在内转的过程中，伴随着腹部肌肉一部分上提，尤其是在丹田的侧向内转时，不能因为局部的上提而带动重心整体上拔，不能影响脚底的各种劲力。

同时，丹田的转动需要腹部肌肉的参与，这部分肌肉或多或少都会使用一部分力量，要最大程度地减弱这部分力量，不能因使用力量而致使腹部肌肉紧张僵硬，进而引发腰部的圆转不灵。

与第二条标准一样，既要做到用力，还要做到放松，尺度不容易把握，做到 40%（★★☆☆☆）可以达标。

四、圆转自如

陈式太极拳整个套路的练习过程中，动作千变万化，丹田内转的方式也在不断调整，上一个动作可能是右侧转，下一个动作极有可能是左侧旋，或者下沉转，情况十分复杂，需要极好地把控住相邻内转动作之间的衔接，要自然地进行各种内转的转变。

这条标准难度更大，两种内转之间出现停顿的概率很大，因而将合格标准仅定为 20%（★☆☆☆☆）。

第二节 拳理铺陈

在第五阶丹田内转，将涉及更深层次的拳理，需要搞清太极拳的力的总来源，要明晰丹田劲的原理，了解其基本形态、分类及作用，能够用科学的方法判断他人或自己练拳的优劣。

一、五层十三阶功夫分类法

关于太极拳的功夫层次划分，《太极拳论》提出“着熟、懂劲、神明”三段式划分法，陈鑫老师提出“一阴九阳、二阴八阳、三阴七阳、四阴六阳、五阴五阳”五层功夫论，还有陈正雷老师提出的十段功法论，均从太极拳习练者角度，给出了一种判断的标准。现代武术表演竞赛的那一套打分制度，又无法真正衡量传统太极拳练习者的功力水平，那么，能否建立一套科学的、直观的评分体系，去客观公正准确地评判太极拳练习者的功夫程度呢？五层十三阶功夫分类法，就是在这种构思下产生的，暂且不论其科学合理与否，至少可以为传统太极拳功夫评价方法提供一种思路。

我们知道，松、柔、沉、缠丝、弹抖等，都是太极拳特别是陈式太极拳的重要特征，但这些特征都与个人的身体内在感觉相关，很难用数值来衡量其大小，而与之相关联的所表现出来的劲力，却是可以直观看到的。因而，用每个动作的发劲的部位来判断优劣，是简单且准确的。

用发劲的部位来判断，可以形成较为完善的量化体系，能够利用直观观测到的不同部位发劲的次数作为一种数据来源，通过合理的边界值，来确定最后的等级。

五层十三阶分类计算表

评判标准		劲发部位分值区间及占比									
		高阶			中阶			初阶			叠加
		阶次 N	占比 R [a,b]	分值 S [x,y]	阶次 N	占比 R [a,b]	分值 S [x,y]	阶次 N	占比 R [a,b]	分值 S [x,y]	
五层	劲发心意	十三阶	100%	13							
四层	劲发丹田	十二阶	(90%,100%]	(11,12]	十一阶	(75%,90%]	(10,11]	十阶	(50%, 75%]	(9,10]	
三层	劲发双足	九阶	(90%,100%]	(8 , 9]	八阶	(75%,90%]	(7 , 8]	七阶	(50%, 75%]	(6, 7]	
二层	劲发腰胯	六阶	(90%,100%]	(5 , 6]	五阶	(75%,90%]	(4 , 5]	四阶	(50%, 75%]	(3, 4]	
一层	劲发肩手	三阶	[0%,50%)	(2 , 3]	二阶	[50%,90%)	(1 , 2]	一阶	[90%,100%]	[0, 1]	

上表是详细的标准，一共分五层十三阶，五个层次是指动作发劲时的位置。一层，劲发在肩膀和手臂；二层，劲发在腰胯；三层，劲发在双足；四层，劲发在丹田；五层，劲发在心意。一至四层分三阶，即高阶、中阶和初阶，五层不分阶，共计十三阶。每阶 N 对应一个占比值 R，是指在整个套路演练中，相对应的劲发部位次数与总计次数的比值，其数值必须在相对应的闭区间[a,b]或半开半闭区间(a,b]内。比如，老架一路共 74 个动作，如果以每个动作计次，共计 74 次，每个动作以劲发部位最多的计算，劲发肩手多的计一层 1 次，依次类推，最后用各层的次数去除以总计次 74 即可。例如，一层 52 次，二层 12 次，三层 9 次，四层 1 次，五层 0 次，则一层占比为 52/74≈70.27%，二层占比为 12/74≈16.22%，三层占比为 9/74≈12.16%，四层占比为 1/74≈1.35%，则对应的阶层为一层中阶，即二阶。

当一层占比小于 50%时，计算方法稍有变化。此时应先计算四层占比，如果四层占比达到 50%以上，则直接按四层确定所在阶；如果四层占比未到 50%，则将四层占比叠加至三层占比，再判断叠加后的三层占比是否达到三层标准，如果达到，则按三层确定所在阶；如果叠加后三层占比依然未达 50%，则将四层占比、三层占比一同叠加至二层占比，再判断叠加后的二层占比是否达到二层标准，如果达到，则按二层确定所在阶。简单地说，除一层外，四层达标则三层必达标，三层达标则二层也必达标，反之则不可。例如，总计次 74 次，一层 26 次，二层 3 次，三层 20 次，四层 25 次，五层 0 次，则一层占比为 26/74≈35.14%，二层占比为 3/74≈4.05%，三层占比为 20/74≈27.03%，四层占比为 25/74≈33.78%，很明显一层已低于 50%，但二层、三层、四层各层占比都未过 50%的基本标准，则先将四层叠加至三层，三层总占比为（20+25）/74≈60.81%，超过了 50%的标准，则对应的阶层为三层初阶，即七阶。

也可以分值 S 的形式表示，与占比法的换算公式为：

$$S[\text{分值}]=N[\text{阶次}]-1+\frac{R[\text{占比值}]-a[\text{当前阶最低标准占比}]}{b[\text{当前阶最高标准占比}]-a[\text{当前阶最低标准占比}]}$$

如上例，S=N−1+(R−a)/(b−a)=7−1+（60.81%−50%）/（75%−50%）=6.81，处于区间(6，7]之内，即七阶。

五层十三阶与传统的太极拳功夫分类法之间有着紧密的联系，存在着确定的对应关系。一层对应“着熟”，二层、三层、四层对应“懂劲”，五层对应“神明”；一层对应“一阴九阳”，二层对应“二阴八阳”，三层对应“三阴七阳”，四层对应“四阴六阳”，五层对应“五阴五阳”。

二、力源说

太极拳发力质量的高低直接决定着拳艺的优劣，很多人习练数十年依然掌握不好，难窥门径，甚至将某种错误或者片面理论奉为圭臬，难免误入歧途。

先从流行的四种观点讲起。

观点一：源于足底——蹬脚转踝。张三丰《太极拳论》中讲："其根在脚，发于腿，主宰于腰，形于手指。"暂不辩张三丰及《太极拳论》的真伪，单从其观点来说，影响了绝大多数的太极拳习练者，诸多太极拳名家在其著作和教学视频中均有意或无意采用其观点，可见影响之广泛。陈长兴《十大要论》说："至于气之发动，要从梢节起，中节随，根节催之而已。"讲的是同样的道理。从现代物理学进行受力分析，一个定式动作，其单脚受力如图所示。假如，力是从脚发出的，要形成沿腿而上的"合力"，为保持稳定平衡及劲力传递，此时脚上将受到四个力的作用，分别是"G 自身部分重力""N 地面弹力""F 平衡内撑力"

和"f 静摩擦力"，且 G=N，f 在 F 反方向的分力等于 F，实际起作用的仅仅是 f 静摩擦力，其大小与 N、脚与地面的接触面及鞋底的材质密切相关。因此，若要增大劲力，必须增加地面弹力 N 的大小，于是蹬地之说有了科学理论基础。

在脚蹬地后，脚上的受力发生了深刻的变化，原来的内撑力 F 消失了，地面弹力 N 大大增加，同时脚与地面静摩擦力 f 也大幅增加，同步带动合力增加。

观点二：源于丹田——内气鼓荡。源于丹田则是道家修炼学说在拳上的引申。以下丹田为炉，以心肾元精为药，以任督二脉为径，以呼吸为风火，佐以周天之术，行修仙之法，进而炼己筑基、炼精化气、炼气化神、炼神还虚、炼虚合道。因此，许多太极拳家将道术搬到拳术中来，强调丹田的重要作用，认为丹田产生的内气是发力的源泉。看似“玄而又玄”难以理解，实则有一定的科学道理，是的的确确的“众妙之门”。其主要原理是，通过腹部的扩张或者内气的鼓荡，将劲力传递到全身梢节。

从科学上讲，腹腔的扩张会向周边产生压力。该压力传导到脚，可以增加地面弹力，进而形成沿脚、腿、腰而上的反弹力。该压力传导到手，则转化为手上的冲击力。

观点三：源于脊柱——拧转折迭。该观点主要来自“一身备五弓”的理论支撑。脊柱作为人身体最大的一张“弓身”，主宰着全身的弹性强度，脊柱活则周身活。与丹田的发力相似，脊柱的发力要靠其变形来实现。现在能理解的变形方法有拧转和折迭两种，折迭又分上下、左右和前后三种。

观点四：源于意念——以意导气。陈鑫在《陈氏太极拳图书》中讲道：“其劲皆发于心，内入于骨缝，外达于肌肤。”所谓的“心”当指现在的意念或意识，而非人体实际存在的心脏。假如太极拳力的源头是心或意念，而所有人都有心或意念，那么就要打一个大大的问号了：为什么并不是所有人都会发力？为什么不同的人发出来的力表现不一样？唯一的解释就是，意念或意识也有对错，意念或意识也有高低优劣之分。按马克思主义哲学的观点，意识是由物质决定的，从认识论的角度看，能否打出正确的太极拳力，是由实践决定的，通俗地说，就是由平时练拳的实践决定的，即如果平时发力不正确，意识或意念就不可能正确。

通过上述的讨论，陈式太极拳劲力的来源应该是多方面的，绝非单一的某种形式或某个部位，但是有其内在一致的规律性。无论哪种来源，都离不开身体的加速形变。

基本结论：源于身体的加速形变。身体的加速形变可以在空间多个维度进行，既可以向下，也可以向上，同样可以前后左右，更多的是多方向的联合形变。一是身体向下加速形变，产生脚底的反弹支撑力。拳论讲的“力发于足，行于腿，主宰于腰，形于手指”这条动力链是毋庸置疑的，而如何让足底产生大于自身重力的反弹力才是关键，同时还得要求在周身放松的条件下实现，这才是太极拳与其他拳术的核心区别所在。在放松的条件下，使自己的身体沿重力方向竖直向下加速运动，由牛顿第二定律 $F=ma$，此时将会对地面产生额外的压力，地面对人体的弹力将在瞬间大于自身重力，从而产生向上的原动力。二是身体在水平方向加速形变，产生脚底的摩擦力。陈式太极拳的套路动作，大开大合，前进后退，左闪右避，如果离开脚底的摩擦力作用，一切都不可能实现。比如，双掌向前平行推出发劲时，其加速运动至顶点时，会给肩部一个向前的拉力，在身体惯性的影响下，身体如果不主动去抵抗这种力，会产生向前运动的趋势，与此同时，双脚因向前的运动趋势，而产生相应向后的摩擦力。当向一侧拧腰旋转时，其加速旋转，同样在脚底会产生相反方向的摩擦力，从而带动全身的缠丝运动。这也是陈式太极拳拳谚“欲左先右，欲右先左”的理论依据，身体向左的加速形变，会在脚底产生向右的摩擦力，从而产生身体向右的动力，反之亦然。

三、丹田劲与丹田鼓荡

经过力源说的分析，陈式太极拳的原动力，来自身体的加速形变，那么是整个身体的加速形变，还是身体某个部位的加速形变呢？如果是身体的某个部位，那么到底是哪个部位呢？搞清楚这两个问题，就明白了丹田的作用，也就知道了什么是丹田劲，以及丹田劲是如何发出的。

大家可能见过许多有名的太极拳老师打拳，在动作劲力转换的时候，会出现身体突然下沉而后又弹起，有时甚至在原地像弹簧一样上下弹动数个回合。你可能会抿嘴冷笑，也可能对这种练法难以理解，但是，如果了解了身体向下沉坠能够产生强大的太极拳劲力时，你就学会了欣赏，就懂得了这种上下弹动内在的科学机理。

上述所描述的上下弹动，是全身整体的运动，也是一个人练拳时可以采用的发劲方式。然而，一旦进行双人对抗，这种全身整体下坠发劲的方式就不完全管用了，有时甚至适得其反，反而会被对手所利用。在对抗中，如果采用整体式下坠，必然带来重心的下降，对手也必然会很容易察觉到这种重心的变化，进而施展相应的进攻或防御手段。如果不采用整体式，而是利用身体某个部位来下坠产生劲力，产生的劲力要足够大，这个部位比较隐秘，在通常条件下对手还接触不到，那么该部位的动作就不容易被对手察觉，也就容易占据主动权。

大家可能在一些视频媒体或直播平台上看到过这样的例子，一个人双肘向下突然运动，瞬间可以将整个身体凌空弹起。不仅是在站立的条件下，在坐姿条件下也可以。比如，当我们端坐在椅子上，先将双臂高高举起，再突然向下快速运动，根本不需要臀部用力就可以将身体向上弹起一定高度。有兴趣的读者，可以尝试一下。其原理十分简单，就是利用加速度，双臂向下加速运动，产生一定加速度 a，进而对地面或椅面产生一个压力 F，经过地面或椅面的反作用力，产生了 F+G 的向上支撑力，使身体具备同上的加速度 a′，推动身体向上弹起。

当然，用头颈的快速下坠也能产生相同的劲力，但是，头颈的运动方向受到躯干的影响，很难直接向下运动，可以向前侧通过点头的方式向下。不过，我们的颈部由于特殊的结构形式，颈椎的承压能力有限，这种方式极易对颈椎产生损伤，因此不建议采取这种方式。笔者曾亲眼看见一些陈式太极拳老师采取这种发劲方式，尽管看起来有些“赏心悦目”，但对健康十分有害。

胸部的前折下坠也是一种方式。比如，当练习金刚捣碓向前上步这个动作时，有些老师会习惯地向前倾身，其目的就是要利用胸部向前下的运动，进而在左脚产生较大的反弹力。

腹部的下坠比较独特，既可以利用坐胯直接向下运动，也可以利用骨盆的结构多方向倾转。既可以向双脚增加压力，也可以向单侧施加影响，还能向前和向后。

那么，到底使用哪个部位好呢？先说哪个部位加速形变产生的劲力大。判断劲力大小，在相等加速度条件下，最直观的方法就是比较哪个部位占全身重量的比重大，比重与劲力大小成正比。按照《人体医学参数与概念》一书中的数据标准，身体各部的重量占体重的比重，以男性为例，“头占 4.4%，颈占 3.3%，躯干占 47.9%，双上肢占 10.0%，双上臂占 3.0%，双手占 1.8%，双下肢占 34.4%，双大腿占 20.0%，双小腿占 10.7%，双足占 3.8%”[1]。

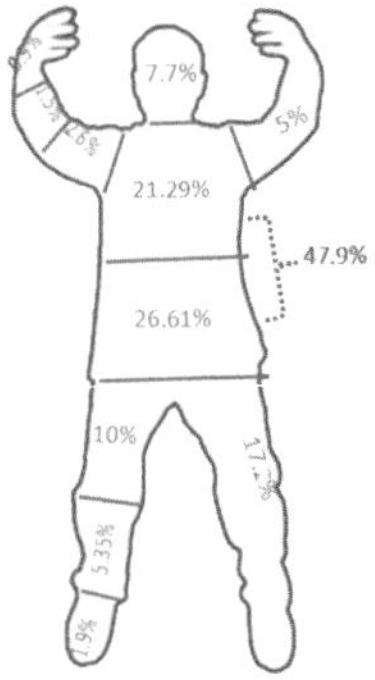

躯干部分的详细数据比较难查找，胸部与腰腹部的重量比例大约为 4∶5，胸部略轻，约占全身重量的 21.29%，腰腹部略重，约占全身重量的 26.61%。经实际测量，体重 80 千克，两条手臂重量约为 7.6 千克，一条手臂的重量占 4.75%，两条手臂总计占 9.5%，略低于 10.0%。头颈，其重量约为 6.24 千克，占全身重量 7.8%，与 7.7%的标准值相差不大。一条腿的重量约为 13.84 千克，占全身重量的 17.3%，略高于平均占比 34.4%/2=17.2%。相对而言，腹部的重量占比较高，其加速运动产生的劲力较大，而丹田恰好就处于腹部中心。

利用腹部加速形变发劲，不仅力道大，方式也灵活多样，同时一般不会与对方接触，其变化很难被对手察觉，具备极强的隐

[1] 唐元升，张秀珍等：《人体医学参数与概念》，济南出版社，1995：301 页。

秘性。同时腹部还具备变容性，能够通过膈肌位置的升降，来改变腹部的形状，或鼓胀，或收缩，都会间接地对脚底的反弹支撑力产生一定影响。因此，寓丹田于内的腹部运动，以丹田为运动中心，由各种方式产生的加速形变，构成了陈式太极拳劲力的基本原劲，这种原劲就是丹田劲。

丹田劲，因腹部运动形式的不同，其劲力的作用大相径庭，通常可分：正沉、侧沉、旋沉、翻沉、膨沉和鼓荡六种。

丹田正沉劲，是指腹部整体向下加速运动产生的劲力。双胯的同时下坐，给腹部的下坠腾出空间，腹部乃至整个上身迅速向下加速运动，人体的重心位置向下位移。

丹田侧沉劲，是指人体的重心位置基本不动，以丹田为支点，腹部一侧上提或保持不动，一侧下沉，劲力通过同侧胯向同侧脚底传递，在同侧脚底产生反弹支撑力。

丹田旋沉劲，是指人体的重心位置基本不动，以丹田为中心，腹部两侧分别向前、向后作旋转运动，向左旋转则向左侧脚底传递劲力，向右旋转则向右侧脚底传递劲力。

丹田翻沉劲，是指人体的重心位置基本不动，同样以丹田为旋转中心，整个腹部向前倾转。由于腹部前面无骨骼支撑，比较柔软，腹部皮肤在内脏的重力作用下，压迫腹部，产生较大的下坠力。

丹田膨沉劲，是指因胸部下坠导致膈股下降，致使腹部产生容变，这种容变转化为对两胯部的向下压力，进而再向下传递至脚底。

五种丹田劲并非时时处处都在，而是根据陈式太极拳各招各式的特点采取一种使用。不论使用哪种方式，其实质依然是加速下坠产生脚底反弹支撑力。

丹田鼓荡，是指在丹田膨沉劲的基础上，通过腹部的在水平方向的加速形变，使重心在水平面上前后左右移动，其实质是产生脚底摩擦力。由于脚底摩擦力与脚和地面的压力成正比，因此，丹田鼓荡，必须以“鼓”也就是膨沉为根基，才能增强“荡”产生的劲力。

第三节 基础功法

丹田内转的基础功法，就是加强练习腹部各种挤压空间的运动形式，使之能够灵活调度，在重心基本稳定的前提下，实现在三个立体平面上的自由运动，在意识上和体感上形成好似以丹田为中心的圆转。

一、整移

腹部整体一起向身体左右、上下、前后运动的过程，叫整移。

向左右横向的整移，分别记作 $D_{\text{整移}}^{\text{左}}$、$D_{\text{整移}}^{\text{右}}$。

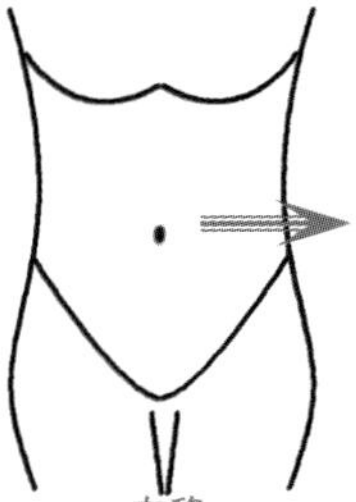

左移

$D_{\text{整移}}^{\text{左}}$

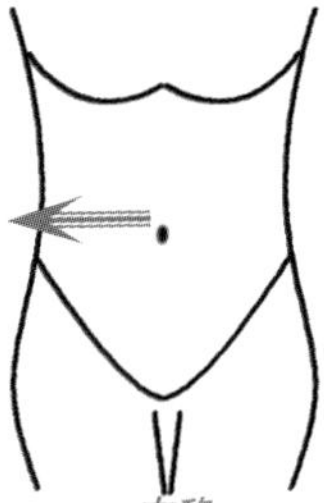

右移

$D_{\text{整移}}^{\text{右}}$

向上下纵向的整移，分别记作 $D_{\text{整移}}^{\text{上}}$、$D_{\text{整移}}^{\text{下}}$。

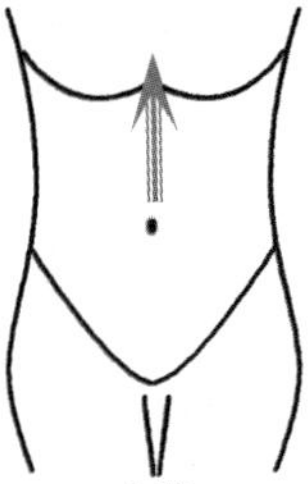

上移

$D_{\text{整移}}^{\text{上}}$

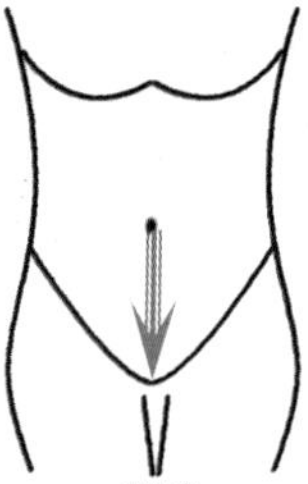

下移

$D_{\text{整移}}^{\text{下}}$

向前后轴向的整移，分别记作 $D_{整移}^{前}$ 、$D_{整移}^{后}$ 。

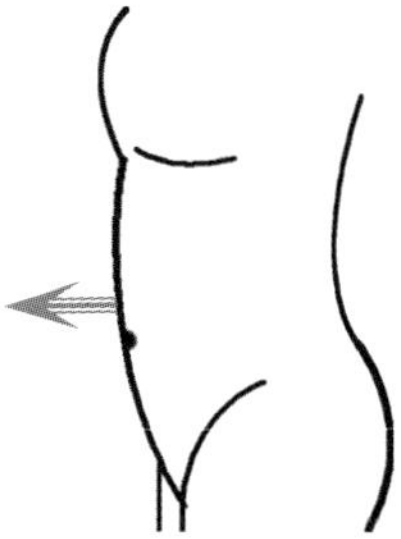

前移

$D_{整移}^{前}$

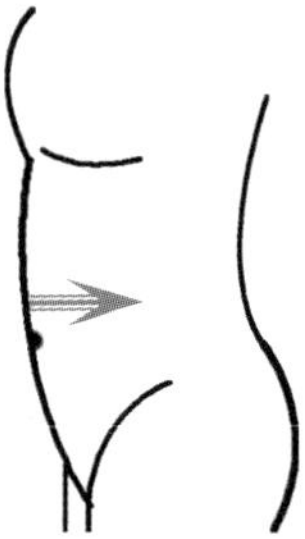

后移

$D_{整移}^{后}$

二、提降

以人体垂直中线为中心线，将腹部分为左右两部分，左腹和右腹。根据左腹和右腹在上下方向的运动形态，可以分为单提、单降和顺逆提降三种。

左腹上提时，右腹不动，为左单提，记为 $D_{左}^{提}$ ；右腹上提时，左腹不动，为右单提，记为 $D_{右}^{提}$ 。

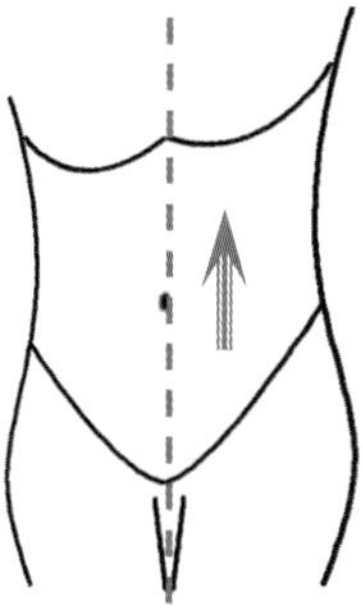

单左提

$D_{左}^{提}$

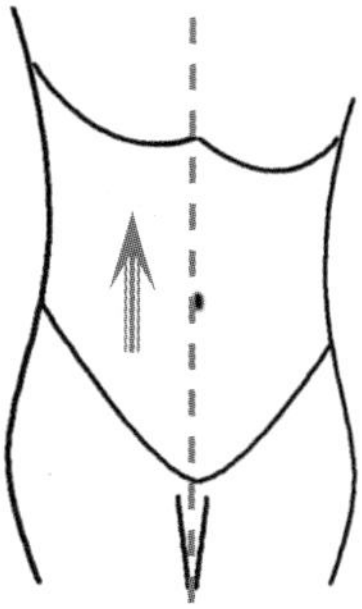

单右提

$D_{右}^{提}$

左腹下降时，右腹不动，为左单降，记为 $D^{降}_{左}$；右腹下降时，左腹不动，为右单降，记为 $D^{降}_{右}$。

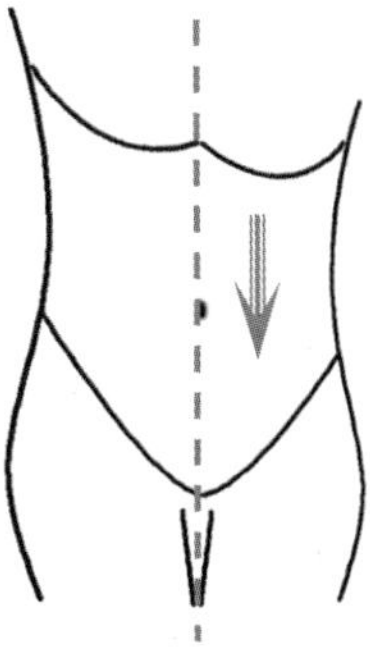

单左降
$D^{降}_{左}$

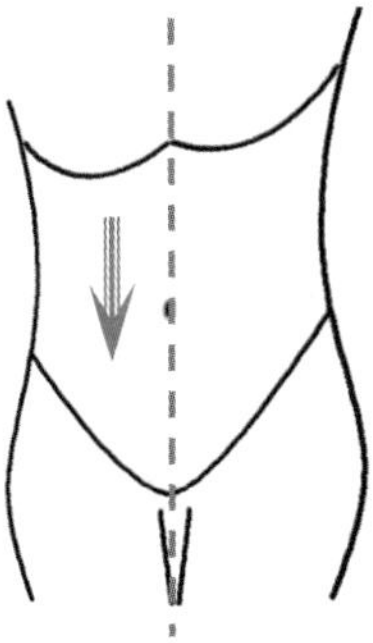

单右降
$D^{降}_{右}$

左腹上提时，右腹下降，为逆提降，记为 $D^{逆}_{提降}$；左腹下降时，右腹上提，为顺提降，记为 $D^{顺}_{提降}$。

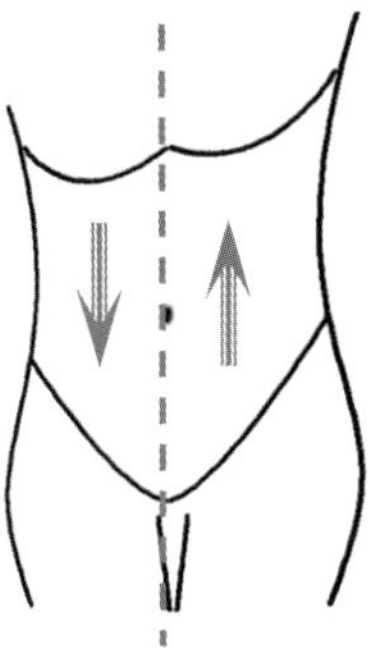

逆提降
$D^{逆}_{提降}$

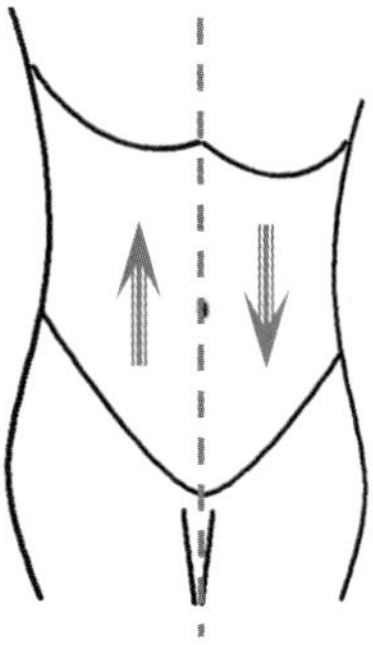

顺提降
$D^{顺}_{提降}$

三、旋转

以人体垂直中线为中心线，将腹部分为左右两部分，左腹和右腹。根据左腹和右腹在前后方向的运动形态，可以分为单旋收、单旋鼓和顺逆旋转三种，其形态犹如腰部的左右旋转，因此命名为旋转。

当左腹内收时，右腹不动，为左旋收，记为 $D_{左}^{收}$ ；当右腹内收时，左腹不动，为右旋收，记为 $D_{右}^{收}$ 。

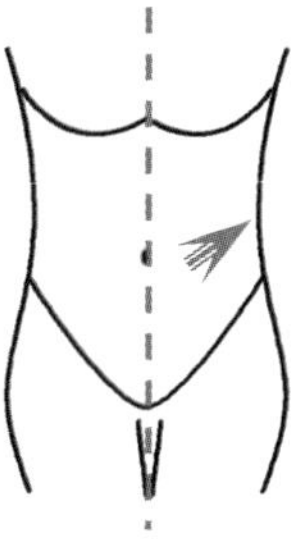

左旋收

$D_{左}^{收}$

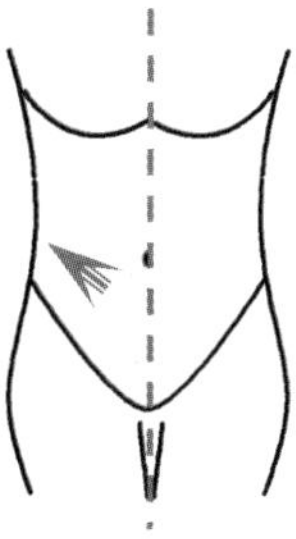

右旋收

$D_{右}^{收}$

当左腹外鼓时，右腹不动，为左旋鼓，记为 $D_{左}^{鼓}$ ；当右腹外鼓时，左腹不动，为右旋鼓，记为 $D_{右}^{鼓}$ 。

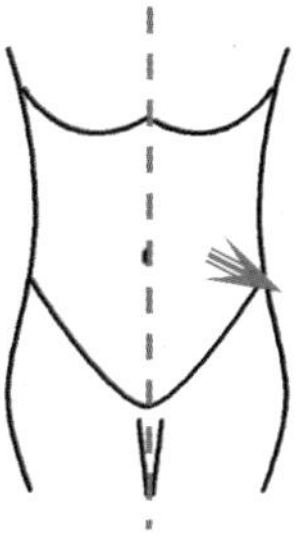

左旋鼓

$D_{左}^{鼓}$

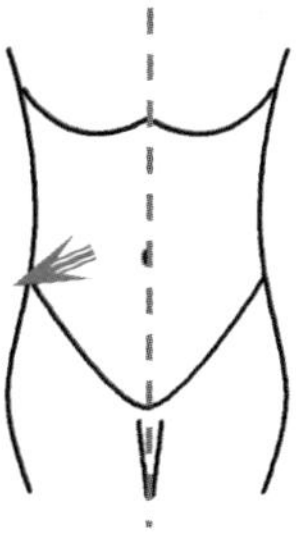

右旋鼓

$D_{右}^{鼓}$

当左腹内收时，右腹外鼓，为逆旋转，记为 $D_{旋转}^{逆}$ ；当左腹外鼓时，右腹内收，为顺旋转，记为 $D_{旋转}^{顺}$ 。

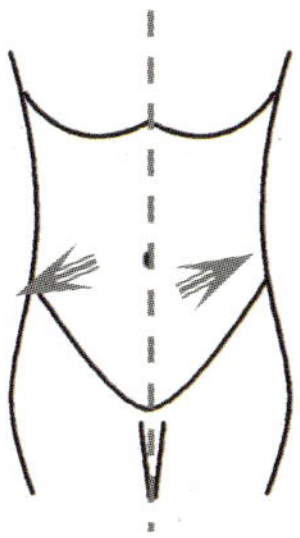

逆旋转

$D^{\text{逆}}_{\text{旋转}}$

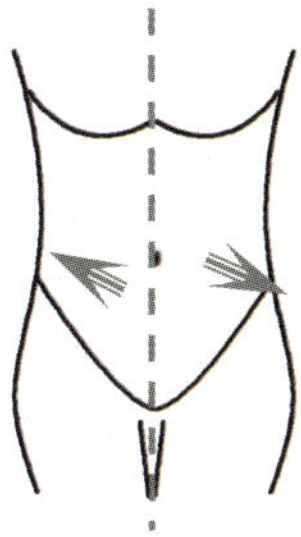

顺旋转

$D^{\text{顺}}_{\text{旋转}}$

四、横错

以人体过肚脐（神阙穴）的水平线为中心线，将腹部分成上下两部分，上腹和下腹。根据上腹和下腹在左右方向的运动形态，可以分为单上错、单下错和上下横错三种。

当上腹左移时，下腹不动，为上左错，记为 $D^{\text{左}}_{\text{上}}$；当上腹右移时，下腹不动，为上右错，记为 $D^{\text{右}}_{\text{上}}$。

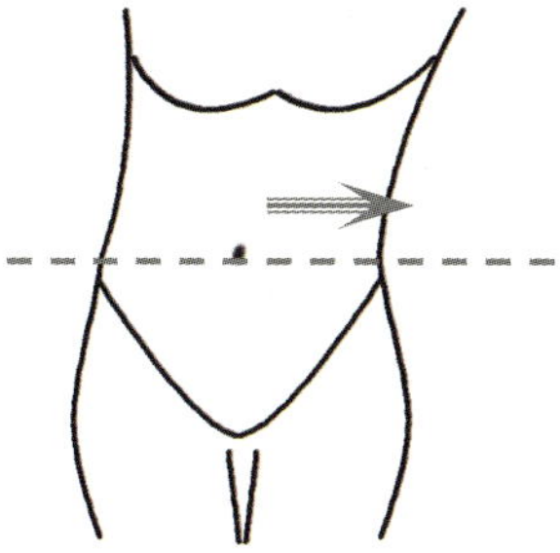

上左错

$D^{\text{左}}_{\text{上}}$

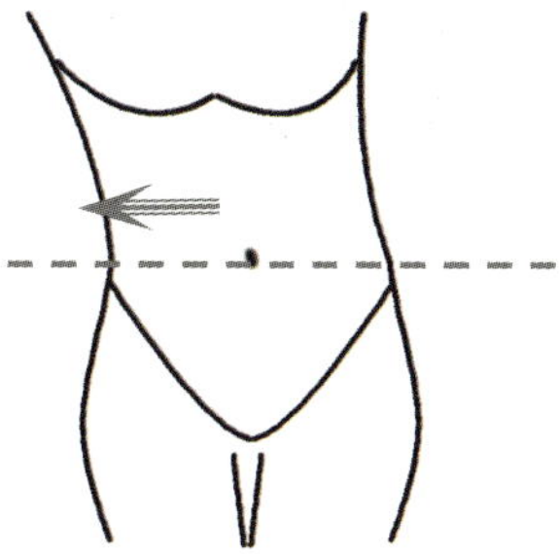

上右错

$D^{\text{右}}_{\text{上}}$

当下腹左移时，上腹不动，为下左错，记为 $D^{\text{左}}_{\text{下}}$；当下腹右移时，上腹不动，为下右错，记为 $D^{\text{右}}_{\text{下}}$。

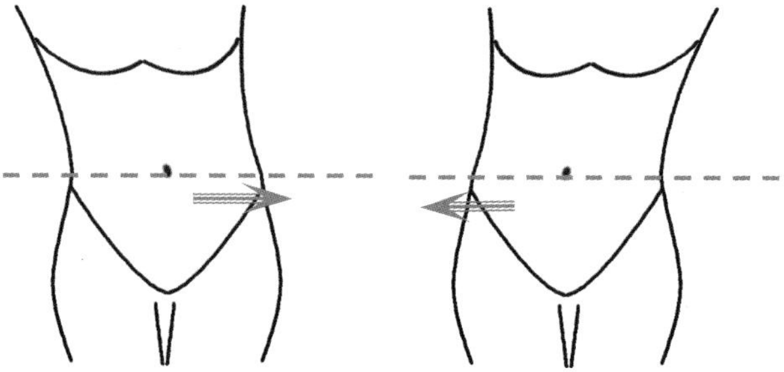

下左错 $D_{\text{下}}^{\text{左}}$　　下右错 $D_{\text{下}}^{\text{右}}$

当上腹右移时，下腹左移，为逆横错，记为 $D_{\text{横错}}^{\text{逆}}$；当上腹左移时，下腹右移，为顺横错，记为 $D_{\text{横错}}^{\text{顺}}$。

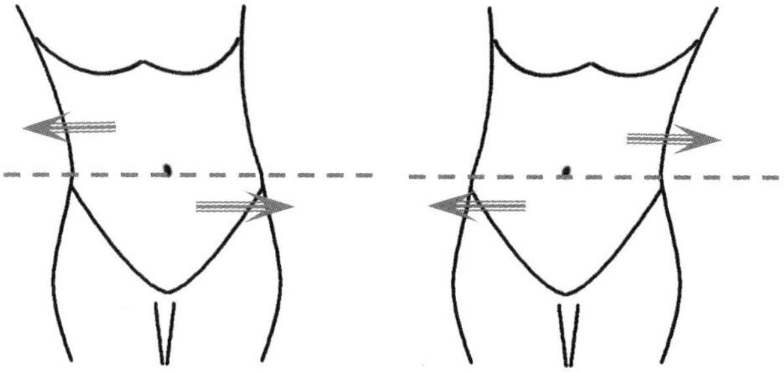

逆横错 $D_{\text{横错}}^{\text{逆}}$　　顺横错 $D_{\text{横错}}^{\text{顺}}$

五、折迭

以人体过肚脐（神阙穴）的水平线为中心线，将腹部分成上下两部分，上腹和下腹。根据上腹和下腹在前后方向的运动形态，可以分为单上折、单下折和上下折迭三种。

当上腹前鼓时，下腹不动，为上前折，记为 $D_{\text{上}}^{\text{前}}$；当上腹后收时，下腹不动，为上后折，记为 $D_{\text{上}}^{\text{后}}$。

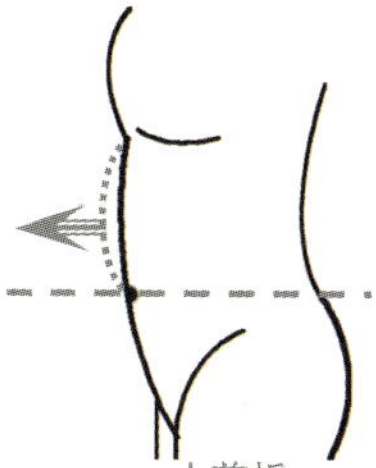

上前折

$D_{\text{上}}^{\text{前}}$

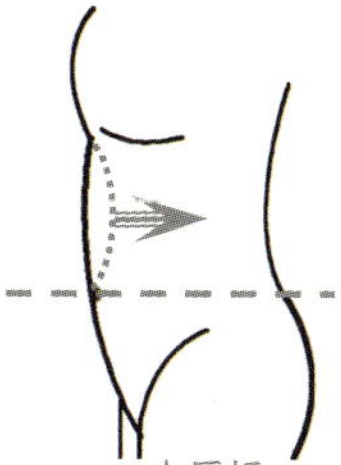

上后折

$D_{\text{上}}^{\text{后}}$

当下腹前鼓时，上腹不动，为下前折，记为 $D_{\text{下}}^{\text{前}}$；当下腹后收时，上腹不动，为下后折，记为 $D_{\text{下}}^{\text{后}}$。

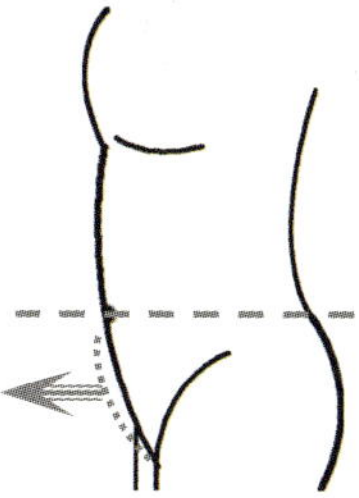

下前折

$D_{\text{下}}^{\text{前}}$

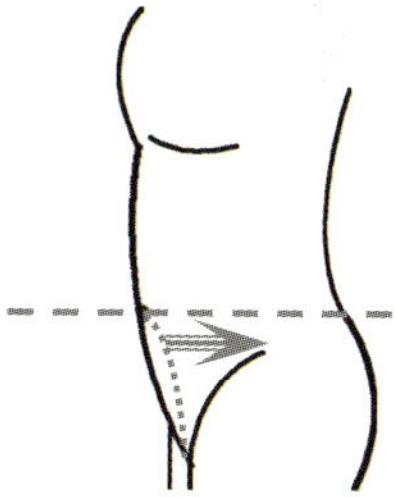

下后折

$D_{\text{下}}^{\text{后}}$

当上腹后收时，下腹前鼓，为逆折迭，记为 $D_{\text{折迭}}^{\text{逆}}$；当上腹前鼓时，下腹后收，为顺折迭，记为 $D_{\text{折迭}}^{\text{顺}}$。

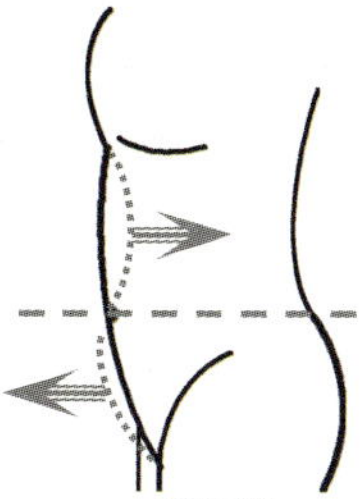

逆折迭

$D_{\text{折迭}}^{\text{逆}}$

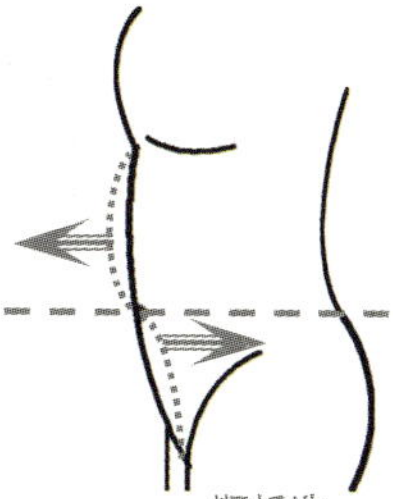

顺折迭

$D_{\text{折迭}}^{\text{顺}}$

六、侧内转

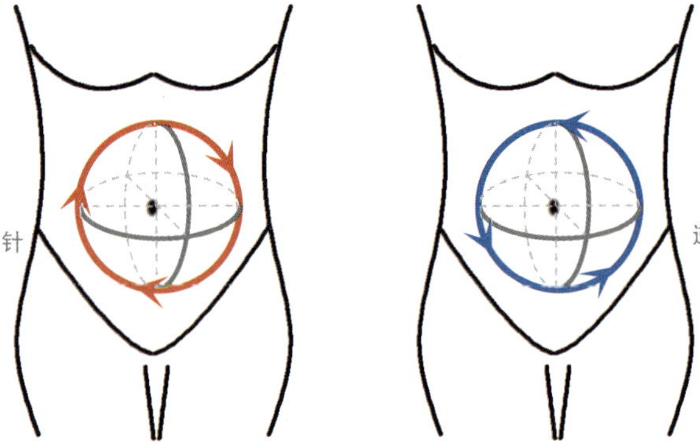

侧内转，又称冠状面内转或C内转，C是英文单词Coronal的首字母，是以人体冠状面为旋转平面的一种运动，以面向人体方向为正方向，可以顺时针旋转，也可以逆时针旋转，在陈式太极拳套路中，以逆时针旋转居多。

将冠状面的顺时针内转，称为顺侧转，记为$C_{顺}$，逆时针内转称为逆侧转，记为$C_{逆}$。无论是顺侧转还是逆侧转，皆可分为两类别，即整体侧转和分体侧转。

整体侧转，分别记为$C_{顺}^{整}$和$C_{逆}^{整}$，是指丹田以整移为运动形式的侧转，其运动过程包含四个循环运动形式。整体顺侧转过程为：$D_{整移}^{下} \to D_{整移}^{右} \to D_{整移}^{上} \to D_{整移}^{左} \to \cdots\cdots$，四个过程循环往复，可以形成多圈的顺时针侧转。整体逆侧转与整体顺侧转的运动过程十分相似，过程为：$D_{整移}^{下} \to D_{整移}^{左} \to D_{整移}^{上} \to D_{整移}^{右} \to \cdots\cdots$，四个过程亦循环往复，形成多圈的逆时针侧转。四个过程的每个过程均可作为开始过程，但顺序不能改变。

整体顺侧转 $C_{顺}^{整}$ 的完整图示如下：

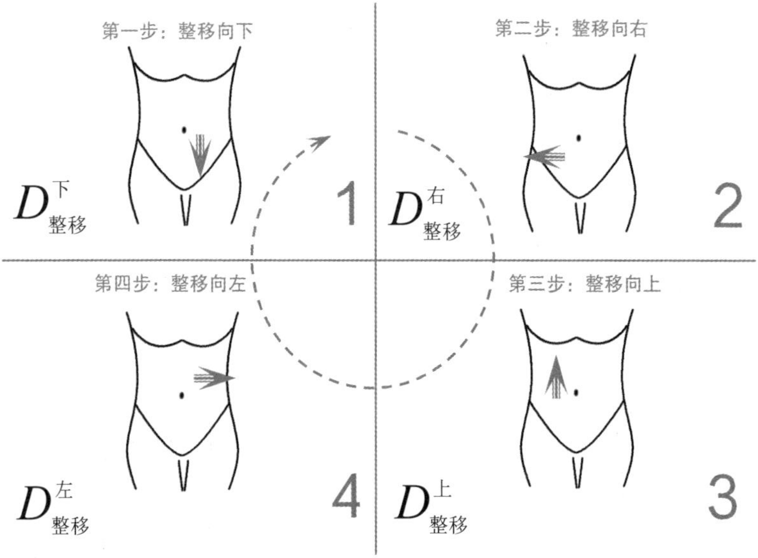

整体逆侧转 $C_{逆}^{整}$ 的完整图示如下：

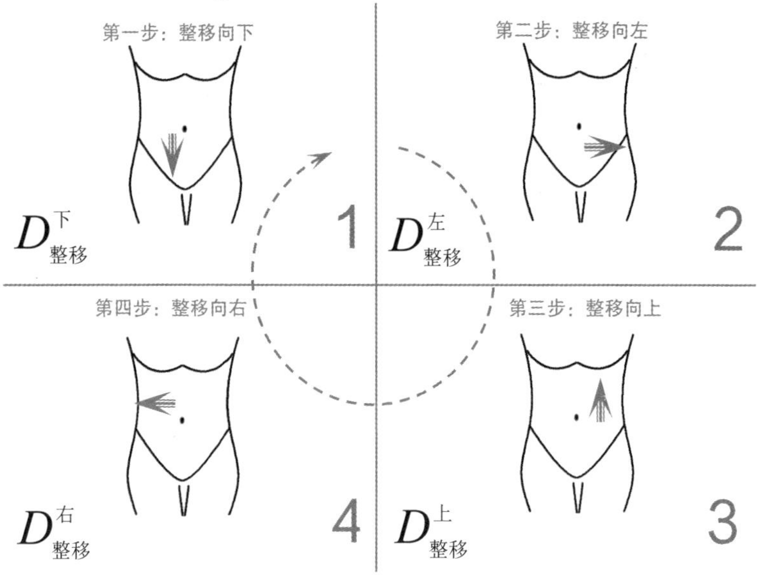

分体侧转，分别记为$C_{顺}^{分}$和$C_{逆}^{分}$，是指丹田以提降、横错为运动形式的侧转，其运动过程同样包含四个循环运动形式。分体顺侧转过程为：$D_{右}^{提} \to D_{上}^{左} \to D_{右}^{降} \to D_{上}^{右} \to \cdots\cdots$，四个过程循环往复，可以形成多圈的顺时针侧转，以右腹和上腹为主要运动载体。分体逆侧转与分体顺侧转的运动过程亦相似，其过程为：$D_{左}^{提} \to D_{上}^{右} \to D_{左}^{降} \to D_{上}^{左} \to \cdots\cdots$，四个过程亦循环往复，形成多圈的逆时针侧转，以左腹和上腹为主要运动载体。四个过程的每个过程均可作为开始过程，但顺序同样不能改变。

分体顺侧转$C_{顺}^{分}$的完整图示如下：

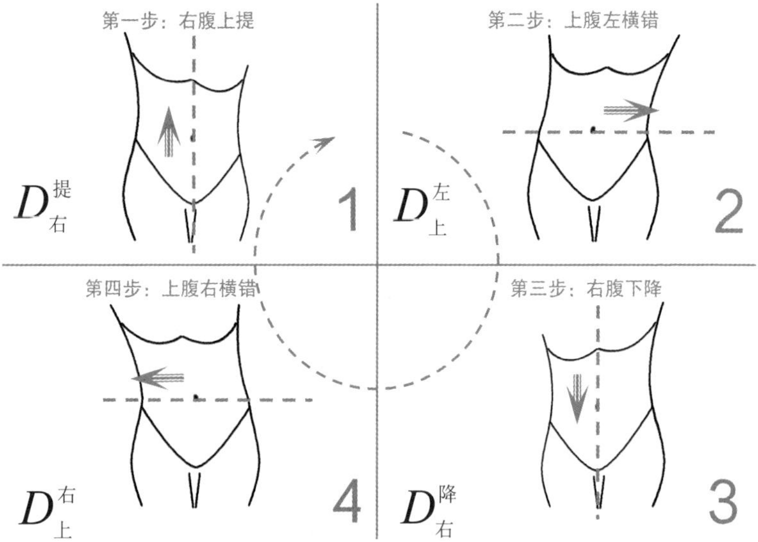

分体逆侧转 $C_{逆}^{分}$ 的完整图示如下：

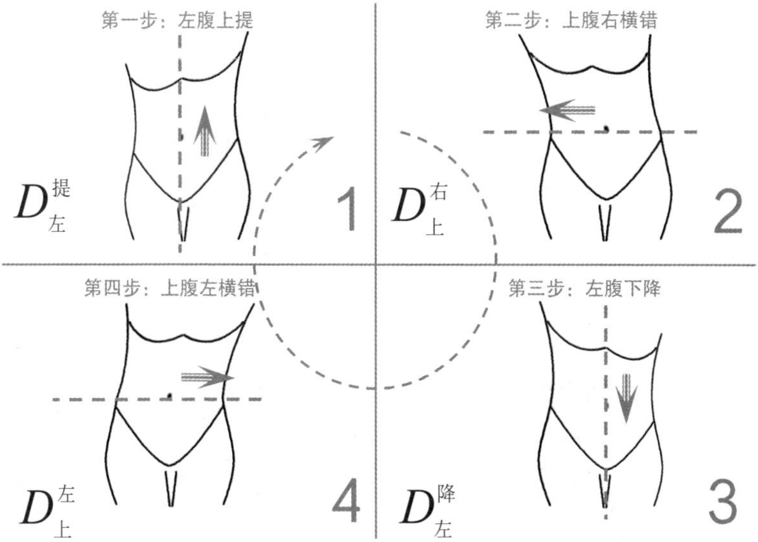

除单独练习丹田的冠状面内转外，此时还应加强与手腕折迭或小缠丝相配合的练习，为下一步学习陈式太极拳新架打好基础。

陈式太极拳新架与老架的一个比较大的区别就是“松活在腕”，在新架的套路中腕的圆转松活表现得十分突出，特别是腕部的小缠丝，以腕部在空中或贴身绕圈为主要特征，需要丹田内转的密切配合，才能高质量完成。

手腕折迭分单悬腕、单贴腕、双悬腕、双贴腕和悬贴腕五种，以双悬腕和悬贴腕最为常见。

单悬腕

单悬腕（腕部放大图）

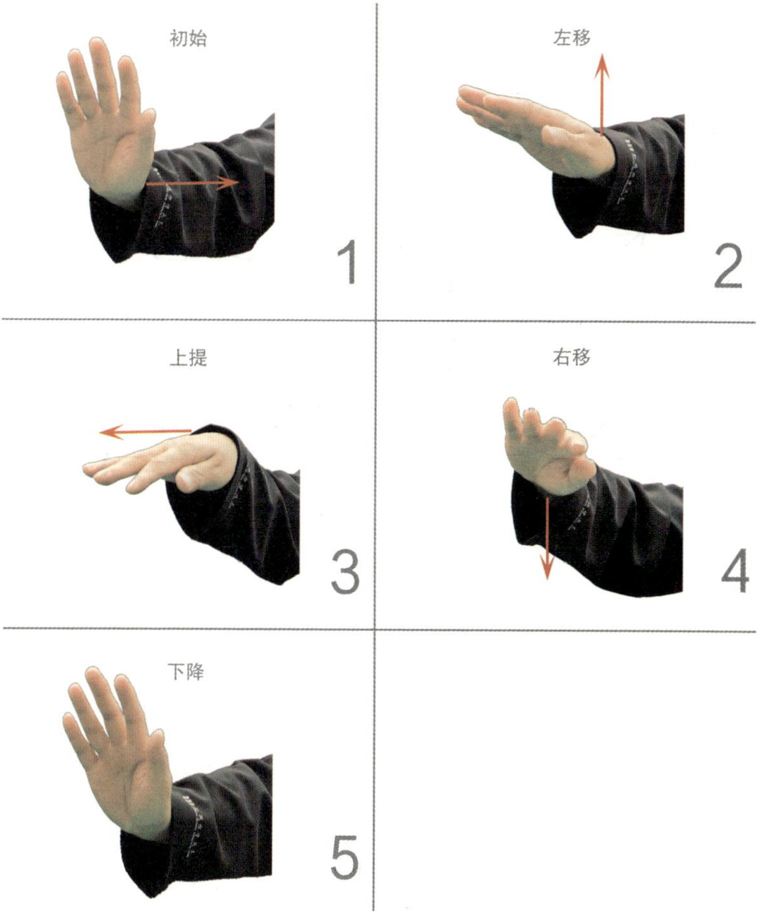

七、平内转

平转，又称横断面内转或 T 内转，T 是英文单词 Transverse 的首字母。它是以人体横断面为旋转平面的一种运动，从上往下看，可以顺时针旋转，也可以逆时针旋转。将横断面的顺时针内转记为 $T_{顺}$，逆时针内转记为 $T_{逆}$。也可分为两类别，即整体平转和分体平转。

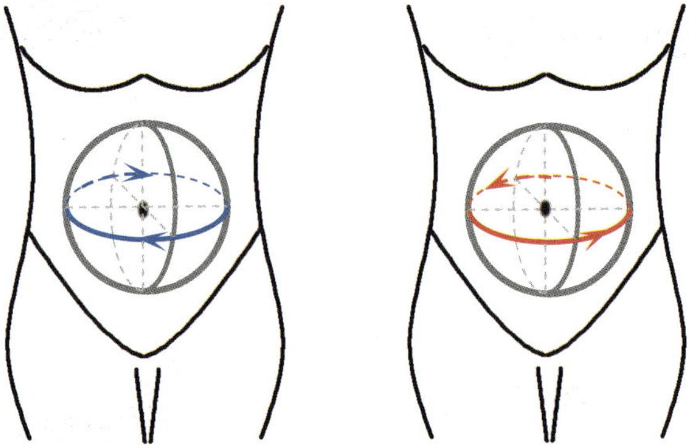

顺时针　　逆时针

整体平转，分别记为 $T_{顺}^{整}$ 和 $T_{逆}^{整}$，是指丹田以整移为运动形式的平转，其运动过程包含四个循环运动形式。整体顺平转过程为：$D_{整移}^{后} \to D_{整移}^{左} \to D_{整移}^{前} \to D_{整移}^{右} \to \cdots\cdots$，四个过程循环往复，可以形成多圈的顺时针平转。整体逆平转与整体顺平转的运动过程十分相似，过程为：$D_{整移}^{后} \to D_{整移}^{右} \to D_{整移}^{前} \to D_{整移}^{左} \to \cdots\cdots$，四个过程亦循环往复，形成多圈的逆时针平转。四个过程的每个过程均可作为开始过程，但顺序不能改变。

整体顺平转$T_{顺}^{整}$的完整图示如下：

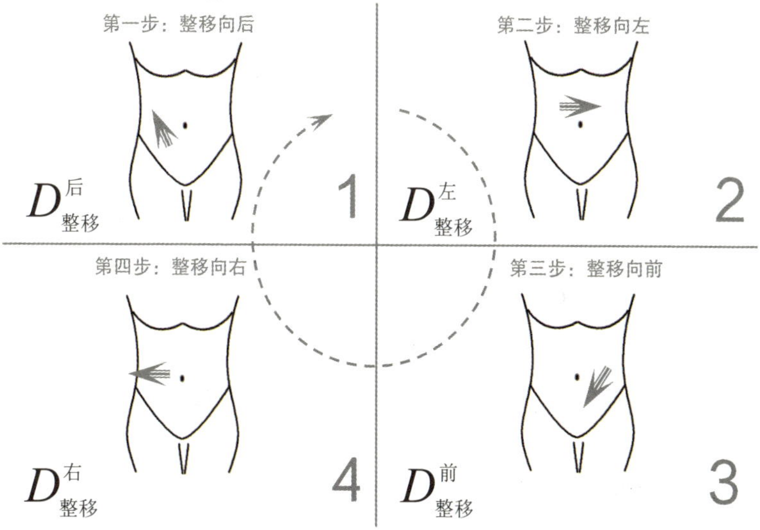

整体逆平转$T_{逆}^{整}$的完整图示如下：

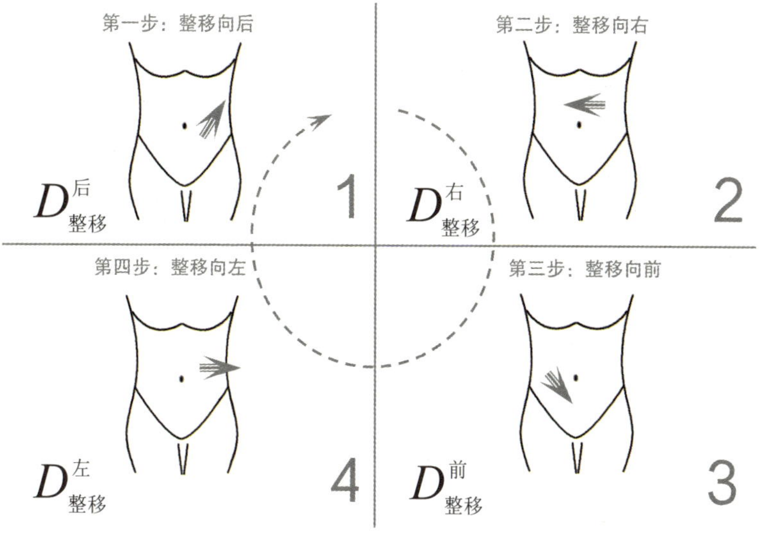

分体平转，分别记为$T_{顺}^{分}$和$T_{逆}^{分}$，是指丹田以旋转、横错为

运动形式的平转，其运动过程同样包含四个循环运动形式。分体顺平转过程为：$D_{右}^{收} \to D_{上}^{左} \to D_{右}^{鼓} \to D_{上}^{右} \to \cdots\cdots$，四个过程循环往复，可以形成多圈的顺时针平转，以右腹和上腹为主要运动载体。分体逆平转与分体顺平转的运动过程亦相似，其过程为：$D_{左}^{收} \to D_{上}^{右} \to D_{左}^{鼓} \to D_{上}^{左} \to \cdots\cdots$，四个过程亦循环往复，形成多圈的逆时针平转，以左腹和上腹为主要运动载体。四个过程的每个过程均可作为开始过程，但顺序同样不能改变。

分体顺平转 $T_{顺}^{分}$ 的完整图示如下：

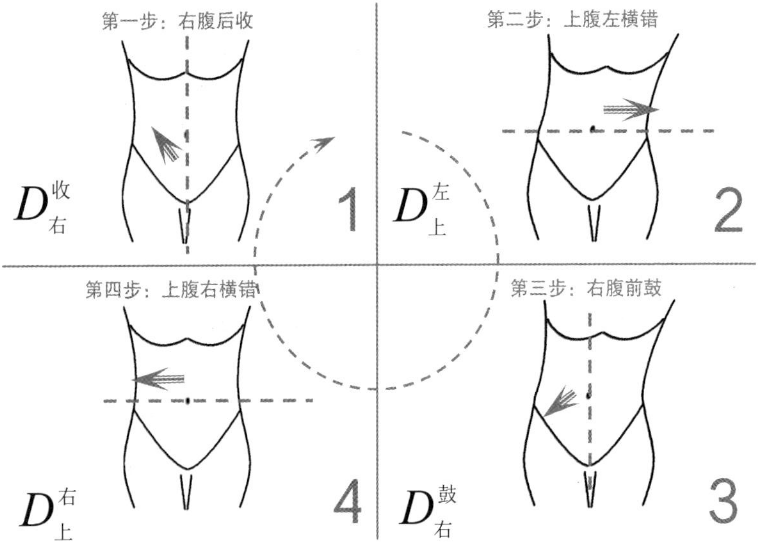

分体逆平转$T_{逆}^{分}$的完整图示如下：

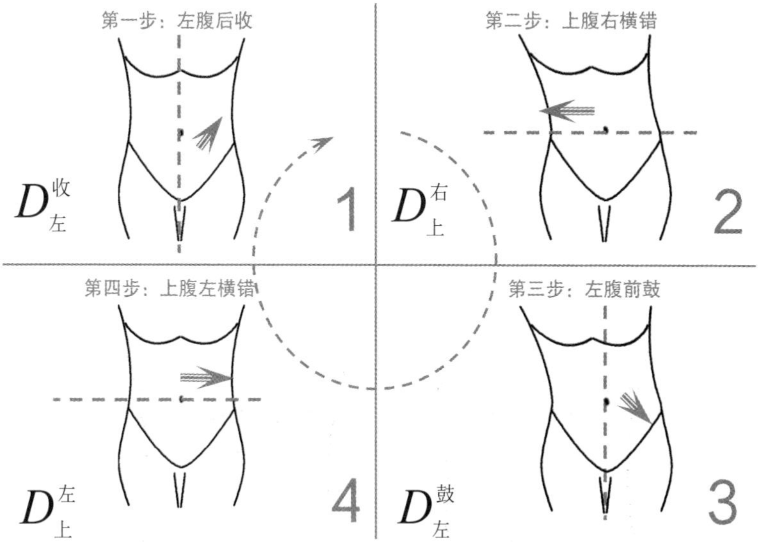

除单独练习丹田的横状面内转外，此时还应加强与肩胸折迭相配合的练习，有利于陈式太极拳新架的学习。

陈式太极拳新架与老架还有一个比较大的区别就是“转关在肩”，新架套路中肩是身劲与手劲转换的关键关节，同样需要丹田内转的密切配合，否则容易出现提肩耸肩的错误动作。

肩胸折迭分单肩胸折迭和双肩胸折迭两种，以单肩胸折迭最为常见。

八、立内转

立内转，又称矢状面内转或S内转，S是英文单词Sagittal的首字母，是以人体矢状面为旋转平面的一种运动，从人体右侧向左侧看，顺时针内转记为$S_{顺}$，逆时针内转记为$S_{逆}$。也可分为两类别，即整体立转和分体立转。

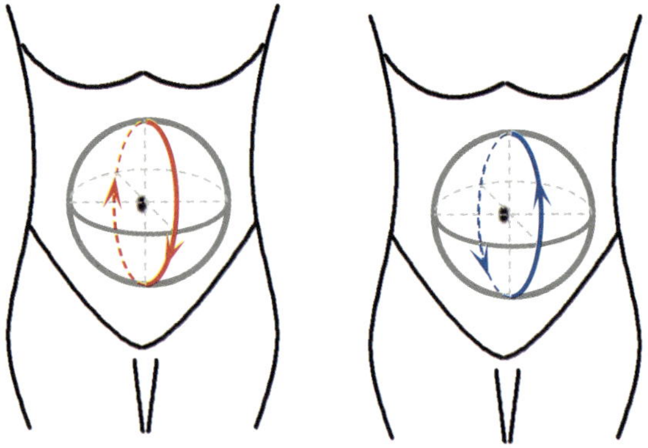

顺时针　　　逆时针

整体立转，分别记为$S_{顺}^{整}$和$S_{逆}^{整}$，是指丹田以整移为运动形式的立转，其运动过程包含四个循环运动形式。整体顺立转过程为：$D_{整移}^{下} \to D_{整移}^{后} \to D_{整移}^{上} \to D_{整移}^{前} \to \cdots\cdots$，四个过程循环往复，可以形成多圈的顺时针立转。整体逆立转与整体顺立转的运动过程十分相似，过程为：$D_{整移}^{下} \to D_{整移}^{前} \to D_{整移}^{上} \to D_{整移}^{后} \to \cdots\cdots$，四个过程亦循环往复，形成多圈的逆时针立转。四个过程的每个过程均可作为开始过程，但顺序不能改变。

整体顺立转 $S^{整}_{顺}$ 的完整图示如下：

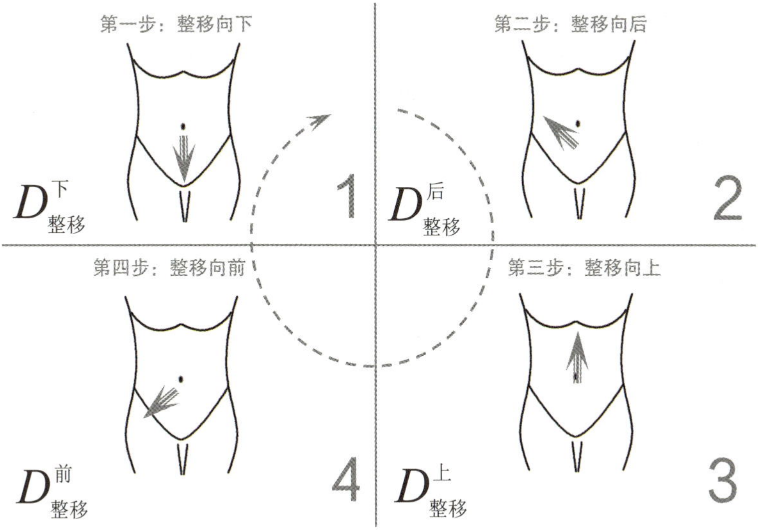

整体逆立转 $S^{整}_{逆}$ 的完整图示如下：

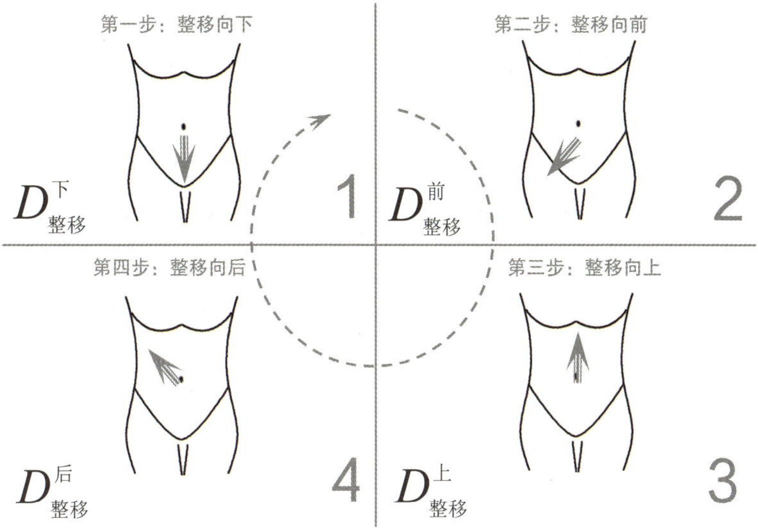

分体立转，分别记为 $S_{顺}^{分}$ 和 $S_{逆}^{分}$ ，是指丹田以整移、折迭为运动形式的立转，其运动过程同样包含四个循环运动形式。分体顺立转过程为：$D_{下}^{后} \rightarrow D_{整移}^{上} \rightarrow D_{下}^{前} \rightarrow D_{整移}^{下} \rightarrow \cdots\cdots$，四个过程循环往复，可以形成多圈的顺时针立转，以下腹为主要运动载体。分体逆立转与分体顺立转的运动过程亦相似，其过程为：$D_{下}^{前} \rightarrow D_{整移}^{上} \rightarrow D_{下}^{后} \rightarrow D_{整移}^{下} \rightarrow \cdots\cdots$，四个过程亦循环往复，形成多圈的逆时针立转，以下腹为主要运动载体。四个过程的每个过程均可作为开始过程，但顺序同样不能改变。

分体顺立转 $S_{顺}^{分}$ 的完整图示如下：

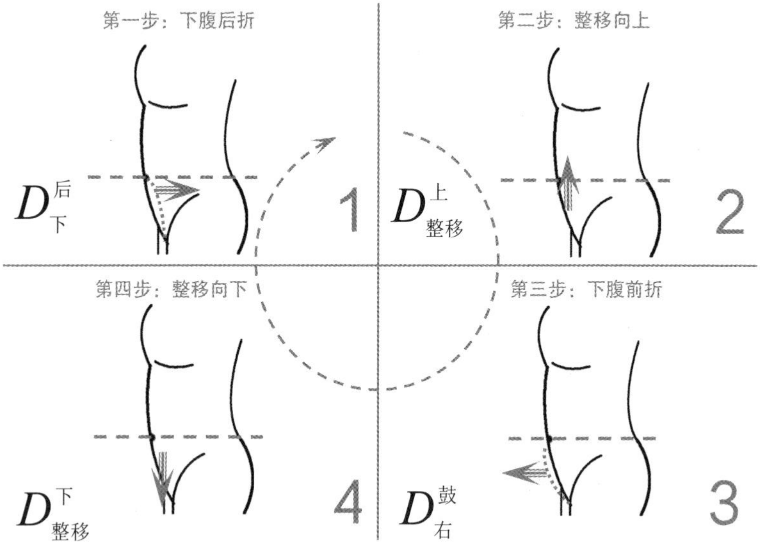

分体逆立转 $S_{逆}^{分}$ 的完整图示如下：

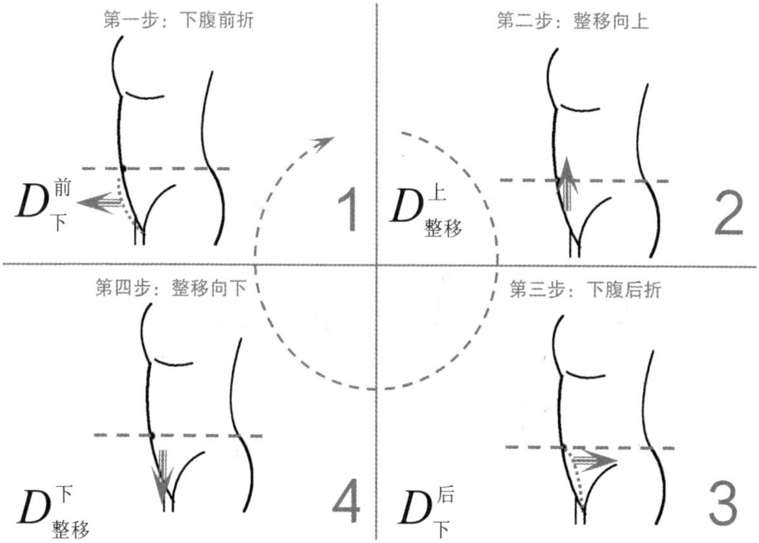

除单独练习丹田的矢状面内转外，此时还应加强与胸腰折迭相配合的练习，对学习陈式太极拳新架，掌握其新的劲力传导方式，极为重要。

陈式太极拳新架与老架的主要区别就是“胸腰折迭”，这种胸腰折迭的技法贯穿于新架动作的始终，也充分体现了新架与老架不同的劲力运用方法，与丹田内转的关系十分密切。胸靠就是一种最为典型的胸腰折迭。

九、∞内转

∞内转，属于典型的分体立转，是指将人体腹部分为两部分，或左右，或上下，两个部分同时在某一平面做同方向的错位内转，两部分内转的起始动作不同，一方为提，一方为降，一方为收，一方为鼓，一方左移，一方右移。以某一部分腹部内转方向为参照，顺时针内转记为$\infty_{\text{顺}}$，逆时针内转记为$\infty_{\text{逆}}$。可分为三类，即侧∞内转、平∞内转和立∞内转。

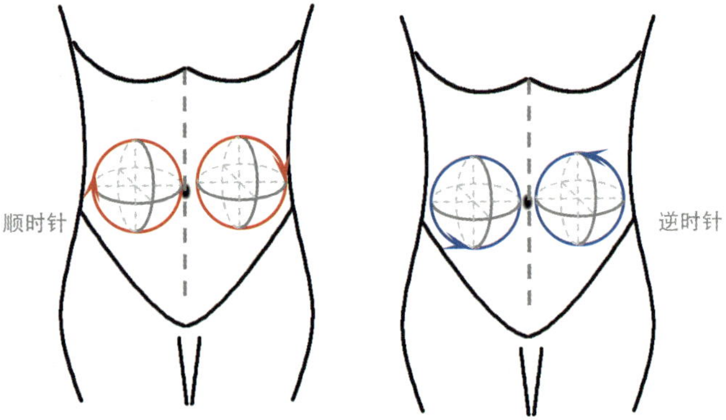

侧∞内转，分别记为$\infty_{\text{顺}}^{\text{侧}}$和$\infty_{\text{逆}}^{\text{侧}}$，是指丹田以侧内转为运动形式的∞内转，其运动过程包含两部分，每个部分都是一个独立的侧内转，除了起始动作不同外，其过程是相同的循环。

∞内转多用于多次的劲力转换过程，尤其是在动作中有多次腰劲的左右旋转出现时，∞内转用起来会十分流畅。

第四节 一式入阶

五阶·金刚捣碓

五阶·金刚捣碓

壹

五阶·金刚捣碓

贰

五阶·金刚捣碓

叁

① $D_{右}^{收}$

五阶·金刚捣碓

肆

① $D^{收}_{右}$

② $D^{右}_{整移}$
① $D^{提}_{左}$
五阶·金刚捣碓
伍
④ $D^{左}_{整移}$
③ $D^{鼓}_{右}$
⑤ $D^{鼓}_{左}$

五阶·金刚捣碓

陆

五阶·金刚捣碓

① $D^{收}_{右}$

柒

五阶·金刚捣碓

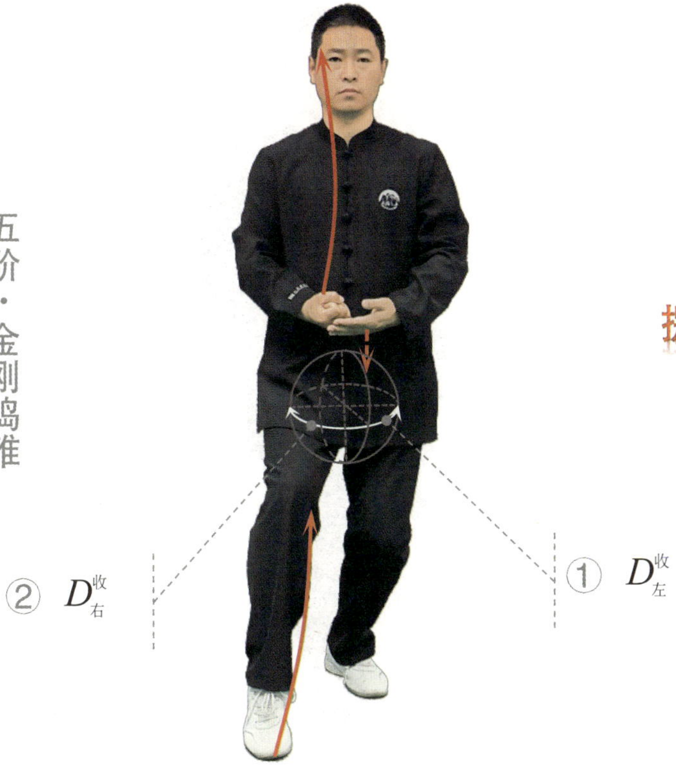

捌

五阶·金刚捣碓

玖

五阶·金刚捣碓

拾

第六阶 连绵不断

陈鑫讲："拳之一道，进退不已，神气贯串，绝不间断。尝见人之耍拳，上着未完，即欲停止。一停止，其气断，其神散矣。即不然，此着未完，即欲打彼着，及打彼着，仍然未完，而更欲打下着之下一着，如此躁心，何能细心揣摩，而知其内劲之起落、精神之充足乎！欲速者恒犯此病，故终无成功。打拳不惟着中情理，当潜心默会。即上着之终，下着之始，其接骨斗笋处是为过脉，于过脉处当思如何血脉贯通，不令间断。盖上着之终，必待神气十分满足而后方结得住。当结上着时，上势已足，余神流于界外，是下着之机已动于上着之末，而后下着接住上着而起，是为构。构者，下着之笋与上着之笋相接而合者也。非但合之以势，宜先合之以神，神气与上着无间，方为善于起始。所谓得势争来脉，来脉得势以下，势如破竹，无不得势。"[1]这里所讲的"接骨斗笋"，应该就是"连绵不断"的另一种说法。

陈式太极拳之所以要"连绵不断"，除了风格特点使然之外，还与其独特的以弱胜强的技击理念密不可分。在第一阶"招式临摹"拳理铺陈的"松柔"中，已经提到了时间的力量，"以时间换力量"运用的正是物理学上的冲量原理，在维持较小的力量同

[1] 陈鑫：《陈氏太极拳图说》，山西科学技术出版社，2012：107 页。

时延长力量的作用时间，同样可以起到掷人或跌人的效果。同时，劲力的“连绵不断”，还可以造成打击的排山倒海之势，犹如海浪拍岸，一浪接着一浪，持续不断地对海岸产生强大的压迫感，在对抗中可以始终保持进攻的主动性，不断破坏对手的重心稳定性，进而发现对手的薄弱部位而攻击。好比两个高手下棋，每一步棋需要思虑后续几步甚至十几步的着法，比的不是哪一步走得好，而是看谁的算路深。

此外，“连绵不断”还有更深一层的哲学含义。劲力在运用过程中，要像群山一样，层峦叠嶂，有高有低，有起有伏，看似随意偶然，实则天地造化，自然而成，犹如太极阴阳，有阴有阳，阴阳相生，拳中的劲力有强弱，有快慢，有大小，变化多端，错落有致。

本阶段，解决的是劲力的连续性和持续性问题。劲力的连续性，是指在套路招式中，身体内部的劲力要保持不出现断点，不能有停顿；劲力的持续性，则指当一个劲力完成后，下一个劲力马上启动并接续运行，一劲接一劲，源源不断，劲劲不空。

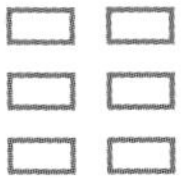

在此阶段，人体三节皆已放松，周身劲力的运用已十分纯熟，体内的气感和劲感强烈，各部位关节灵活不僵，柔劲足而刚劲偏弱，动作行云流水、转换自然、形态优美，形象犹如八卦中的坤卦☷，但是仍处于“四阴六阳类好手”的层次，提升的空间依然很大。

第一节 目标标准

这个阶段，核心是解决外形动作停顿和内部劲力分断的问题，外形上要做到轨迹圆滑、运动不停，避免出现折角和顿挫，内劲上要做到脚底劲和手上劲连续不丢，不会出现忽大忽小、忽有忽无的劲力飘浮，具体的标准可概括为四个：动作连贯、转折圆润、连法灵动、劲力饱满。

标准		说明	达标
一	动作连贯	招式及分动作之间不能停顿	★★★★☆
二	转折圆润	动作转折之间要用弧形连接	★★★★☆
三	连法灵动	连接的部位和方式要合理自然	★★☆☆☆
四	劲力饱满	周身的劲力要全程保持	★☆☆☆☆

一、动作连贯

要求每个招式的分动作之间及招式与招式之间不出现停顿，一动接着一动，一式接着一式，上一动的结束即下一动的开始，上一式的完成就是下一式的启动，务必使所有动作与招式完整一体，老架一路七十四个招式犹如一个招式，一气呵成。

这一条看似比较容易做到，但还是有一定难度的，十分考验习练者的耐力和动作呼吸的配合，要克服因肌肉疲劳而产生的动作变形或迟缓，要稳定心率使呼吸匀称而不急促，做到 80%（★★★★☆）就已经很好了。

二、转折圆润

太极拳的动作随曲就伸，有左必有右，有前必有后，有来必有去，向上终归要落下，向下仍然会复起，在诸多往复折迭的动作之间，要处处体现弧线运动，不能出现直线、折角。弧线的曲率半径可大可小，大则用缠丝公转，小则用缠丝自转，依据动作的规律和个人习惯灵活运用。

该条标准与第一条的难度基本一致，看似容易实则有一定难度，往往只注意用公转大缠丝，而忽略自转小缠丝的使用，或者自身很难察觉到转折中的直线和折角，因此要求做到 80%（★★★★☆）即可。

三、连法灵动

动作与劲力的连接需要考虑的身体部位关节很多，不同部位关节的连接形式也不完全相同，即使是同一部位关节，在不同的招式动作中的连接方法也丰富多样。但是，无论哪个部位关节的连接，哪种连接的方式，都需要遵守陈式太极拳的规律，符合陈式太极拳的基本理念，身法要中正，周身要放松，路线要走弧线，进退要用缠丝。

这条标准难度较大，需要熟练掌握多个关节部位的连接转关方法，在不同的招式动作中需要灵活变化连接的关节部位及连接方式，既有外形上的表现，也有内劲上的变化，既有肢体上的动作，还有意识上的联动。因此，完成度不需要太高，只需 40%（★★☆☆☆）即可。

四、劲力饱满

周身饱满的劲力是“连绵不断”的内在支撑，离开这一条，“连绵不断”就会变成无源之水、无根之木。要在前五阶的基础上，着力关注脚底劲、丹田劲和手臂劲，这些劲力在各种动作的连接之中要发挥核心作用，避免出现形劲分离。

本条标准难度系数很高，在关注外形连接时往往会忘记各种内劲的运用，即便注意到了内劲的贯注，也会顾此失彼，用到脚劲就会丢了手劲，用了丹田劲，就想不到手脚的劲力了。因此，完成度也不需要太高，只需 20%（★☆☆☆☆）即可。

第二节 拳理铺陈

本阶层的拳理重在理解陈式太极拳的“连”，搞清楚一些太极拳的概念术语与“连”的关系，从思想上建立起对“连绵不断”复杂性及多样性的深刻认识，逐步体悟“连绵不断”在陈式太极拳拳理拳法中的地位作用。

一、接手八法

在第一阶“招式临摹”拳理铺陈的“中正”一节中，提到了陈鑫老师所讲的“接手八法”，即“接、引、进、转、击、蓄、留、停”。陈鑫老师在《陈氏太极拳图说》一书中对其做了简要的阐释：“接者，交手也；引者，引诱也；进者，前进也；转者，转关也；击者，打敌也；蓄者，含蓄也；留者，留有余地，勿用十分力也；停者，穷兵莫追，不犯吾界即止也。”[1]

之所以在此阶段专门去详述“接手八法”，在于其实质就是劲力的“连绵不断”。尽管其讲的是对抗时的基本方法，但在套路演练中同样适用。八法好比一个招式的八个过程，这八个过程一环扣一环，层层相接，八个过程结束后，下一个招式马上启动，又重复这八个过程，循环往复，一招接一招，形成一个完整的陈式太极拳套路。

接，在套路中，指的是一个招式与上一个招式的连接，或者一个劲力与上一个劲力的连接。比如金刚捣碓结束后，下一个动作懒扎衣，右手由拳变掌的一瞬间就是两个招式的“接”，而金

[1] 陈鑫：《陈氏太极拳图说》，山西科学技术出版社，2012：28 页。

刚捣碓的第一个分解动作“左侧上掤”与第二个分解动作“右转横捋”之间，就是两个劲力的“接”。这里的“接”，与“连绵不断”的“连”具有相同的含义。

引，紧随接之后，指的是拳架套路中接的方法，即在接招或接劲的时候，要先使用引的方法，使原有招式或劲力在原来的路线上继续运动，如此才能保持动作的连续不间断。还以金刚捣碓为例，最后一个分解动作，右拳砸下震右脚后，右拳继续下沉，右膝右胯依然向下屈松，不使右拳的砸劲落死，这就是所谓的引。引，在本质上，是捋劲的运用，是顺着对手的抵抗力量方向运动的方法，在套路演练中，也就是顺着自身的力量方向顺势运动的过程。

进，是引的目的，是在引动的过程中，逐渐变换劲力的方向。尽管引排在进的前面，但是在实际套路中，引与进是同步完成的，引的同时要进，进的过程中要贯穿引劲，正所谓“无引不进，不进不引，边引边进，边进边引”。如果只引不进，就失去了引的意义，连绵不断也就成了空谈，或者只进不引，进就变得生硬不灵活，无论在外形还是内劲都会出现停顿和突然转折。从武术的攻防原理上讲，直打硬进是完全可以的，不需要“引”的助力，但是要做到使对手毫无察觉或无任何防备地“进”，就需要特殊的、高超的技巧来实现，而太极拳正是培养提升这类技巧的有效载体。太极拳以阴阳变化和弧形圆转为指导思想，将“引”与“进”这一对看似矛盾的动作整合在一起，辩证性地开创了“左引右进”“右引左进”“上引下进”“下引上进”等引进的手段，使之与招式动作有机融合，更加丰富了武术技击的理论和实践。比如六封四闭这个招式，其第三个分解动作，双掌向左斜上方掤起的同时，身体重心向右侧移动，既可称之为“左引右进”（手向左侧运动，身向右侧运动），也可叫“前引后进”（手走前弧在前运动，身走后弧在后运动）。

转，是进的后续，指的是在进到一定程度后，“进至七分，疾速停顿”[1]，无论是肢体的动作，还是重心位移，都将达到运动的极限，继续向前进，必将出现身法失中、劲力向前冲、重心失去稳定平衡等问题，变化运动方向及劲路是必然的，此时肢体或劲力的变化，需要“转”来达成。“虚笼诈诱，只为一转……一引即进，转（转者，从引而忽转之）进如风”[2]，“进”也是“引”的转，“引”也可以是“进”的转。因此，转是陈式太极拳的灵魂，是“连绵不断”的关键环节，无转则劲力难以变化，无转则动作难以接续。

击，通称叫打击、击打或攻击，是一个招式动作的根本目的，是陈式太极拳用法的核心。陈式太极拳的击，有两种形式，一种是以较小的劲力辅以较长时间的持续作用，将对手扔掷或摔跌出去，一种是以较快的速度在较短的距离内迅猛靠打，将对手震抛出去或震伤对手内脏。两种形式尽管技术路线不同，但是均遵循一条陈式太极拳的基本技击理念，即“兵之形，避实而击虚”[3]，避开对手的攻击或防守劲力，打击对手薄弱或不设防的部位，而上述“接引进转”恰好是找寻对手弱点或虚处的最佳方法，也是“转”之后的必然之招。避实击虚是一种巧妙的进攻策略，若击实，则为大力打小力，力大者胜，若击虚，则为小力打无力，小

[1] 陈鑫：《陈氏太极拳图说》，山西科学技术出版社，2012：75页。
[2] 陈鑫：《陈氏太极拳图说》，山西科学技术出版社，2012：75页。
[3] 骈宇骞等译注：《孙子兵法 孙膑兵法》，中华书局，2007：42页。

力即可胜。

蓄，有两层含义，一层是指击打要不露形迹，不被对手察觉，要隐藏含蓄，另一层是指一次击打过后，要迅速积蓄劲力，以备再次击打，也就是击打也要做好连续不断的准备。前一层含义，立足于战术层面，谋求“出其不意、攻其无备”，强调“击”的运用之法。后一层的含义，则立足于“击”的效果，在一次击打未产生预期的目的时，可以通过连续的、高强度的“击”，使对手疲于应对，进而攻破对手的劲力防线。在套路中，就是要做到一个劲力结束之后，另一个劲力要紧接再起，劲劲相接。“蓄”既是“击”的方式，又是“击”的延续，还是“击”的衔接。

留，即保留的意思，指每个劲力都不能完全使尽，向前进攻时切莫直达顶点，向后防守时避免无转圜空间，正如陈鑫老师讲的“进至七分”，陈正雷老师讲“留取三分防后倾”。关于“留”的多少，不一而足，一分、二分、三分都可以，并非一成不变，“胳膊伸到七八分，似停不停”[1]，“手领胳膊展至七八分，其形若止，其意不止”[2]，“胳膊只许展九分，手与肩平停止，手背似朝上微向前合”[3]，“手走到九分而止”[4]，“渐渐西行至八九分时方止”[5]。诸多动作招式并非时时处处皆“留”，有一种例外，那就是“中气”的运行。“中气”必须做到“十分”饱满，但凡失一分即为不足或丢劲，“右手运到九分时方停，神气更贯十分满足”[6]。“留”是一种既保存自己又消灭敌人的高级战术，

[1] 陈鑫：《陈氏太极拳图说》，山西科学技术出版社，2012：227 页。
[2] 陈鑫：《陈氏太极拳图说》，山西科学技术出版社，2012：228 页。
[3] 陈鑫：《陈氏太极拳图说》，山西科学技术出版社，2012：82 页。
[4] 陈鑫：《陈氏太极拳图说》，山西科学技术出版社，2012：105 页。
[5] 陈鑫：《陈氏太极拳图说》，山西科学技术出版社，2012：171 页。
[6] 陈鑫：《陈氏太极拳图说》，山西科学技术出版社，2012：105 页。

是辩证法思想在武术技击当中的实践运用。

停，从字面意思上看，与“连绵不断”的宗旨是相违背的，但是将其放在双方对抗的环境中，就是合理且一致的。当完成击打后，对手被跌出、打伤或逃脱，双方一个回合的对抗结束，不能因对手处于被动状态就穷追猛打，避免因对手故意卖弄破绽、请君入瓮，必须果断停止追击，恢复接手前的姿态，准备好下一次的进攻或防守，是两次进攻或防守之间的连接。在套路演练时，由于不存在对抗的因素，所以可以不出现“停”。

二、∞形走劲

陈式太极拳在行功走架时，各个部位或关节在三维空间上形成一系列运动轨迹，轨迹的形态各异，除了大家熟知的圆弧形（空间封闭曲线或弧形线段）和螺旋缠丝外，还有一种典型的运动轨迹，关节在身体重心的移动过程中同时做屈伸旋转变化，其外在行走的路线酷似“∞”，因此又称∞形走劲、∞形绕圈或背

丝扣，由于∞形走劲的主要部位是两膝与两胯，故而又叫膝走∞形和胯走∞形。

膝走∞形和胯走∞形，是劲力连绵不断的一种外在表现，不会出现断点，不会产生顿挫，也不会形成明显的转折，是缠丝劲顺缠与逆缠变化的直接结果。

膝走∞形，其劲力接续并非按∞形的书写顺序运行，一组劲力完成后，两膝各画了一个像脚型一样的封闭圈，两个圈的运动相差了 180° ，如果将重心的移动也画一条弧线的话，就可以将两个圈连接起来，与∞形极为相似。

胯走∞形的运行路线亦是如此。

有些太极拳流派对下肢与腰胯的运动见解不同，认为双腿只能逆缠而不能顺缠，腿部的顺缠会带来重心的不稳定或膝关节的损伤，腰胯不能旋转只能移动，腰胯的旋转同样会破坏重心及损伤脊柱，反对走∞形而主张走后弧线。

在练拳的实践中，双腿的顺缠和腰胯的旋转确实对人体的重心稳定有影响，会造成重心向后微移。在第一阶基础功法的桩法浑元桩中讲过，两脚与臀部是陈式太极拳重心平衡的关键，其在地面的投影形成一个面积尽可能大的倒三角形▽，身体的重心在该三角形内自由移动，形成身体的稳定区域。当右脚带动右腿或者右胯做顺缠丝时，人体的重心会有向后移动的倾向，如果此时不调整臀部的位置，也就是三角形的形状不改变，那么人体的重心就会偏离三角形最为稳定的中心，从而影响动作招式的平衡。

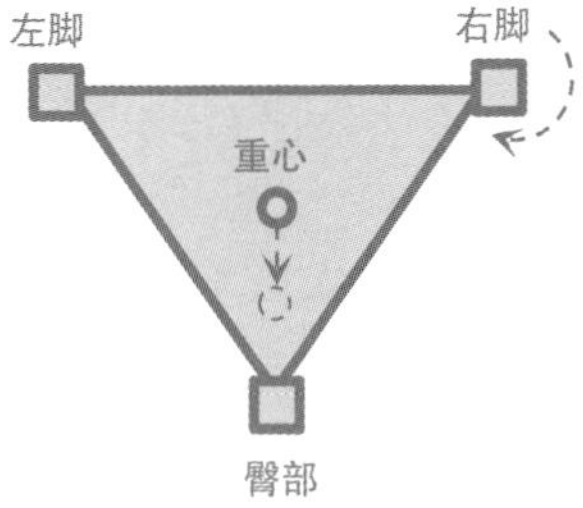

从这个角度出发，腿部的顺缠和腰胯的旋转的确会起反作用。

但是，我们换一个思路，如果在腿部顺缠和腰胯旋转的同时，适当调整臀部的位置，形成新的三角形，使新形成的三角形中心与人体重心重合，那么人体依然会保持动态的平衡。因此，只要在臀部的可调节空间内，一定幅度的腿部顺缠和腰胯旋转是完全可行的。

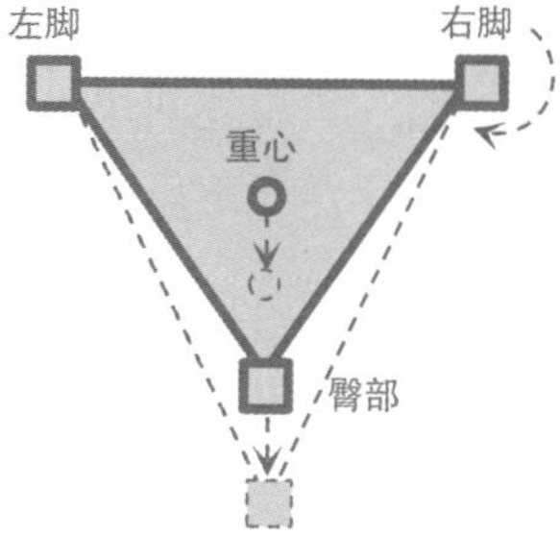

至于损伤关节和脊柱的问题，会在另一本著作当中深入阐释，在这里仅作简要说明。

认为损伤膝关节的，主要依据是膝关节不能做内外的旋转运动，否则会造成关节内外副韧带的松弛，进而影响膝关节的稳定性，增大了膝关节运动损伤的风险。然而，科学的人体解剖和运动机理分析告诉我们，膝关节是可以并且必然做内外旋转运动的。“胫股关节不仅能进行伸屈运动，而且还有水平面上的旋转运动。股胫关节屈曲从0°-90°时旋转活动逐渐增加，90°后逐渐递减。一般在屈膝时胫骨内旋，伸膝时胫骨外旋，旋转幅度40°-50°。其中内旋较少，为10°，外旋较多，为30°-40°。膝关节伸直至最后20°时，股骨内旋，至完全伸直，旋转也随之终止。”[1]因此，强制性地不让膝关节做旋转运动是不科学的，应该按照膝关节的运动规律，适当地进行内旋（逆缠）和外旋（顺缠），只要不超出其旋转范围，都不会产生运动损伤。

[1] 徐建武，闫汝蕴：《膝关节运动损伤康复学》，军事医学科学出版社，2014：32页。

认为损伤脊柱的，主要理由仍是脊柱不宜做旋转运动，否则会引起椎间盘的问题和腰肌扭伤或劳损。那么脊柱究竟可不可以旋转呢？“相邻两块椎骨之间的运动有限，但整个脊柱的运动范围很大。脊柱可绕额状轴作屈伸运动；绕矢状轴做侧屈运动；绕垂直轴作回旋运动。此外，还可作环转运动。脊柱各段的运动形式和范围不同，这主要取决于关节突关节的方位、椎间盘的厚度、韧带的位置及厚薄……在腰部，椎间盘最厚，屈伸运动灵活；但关节突的关节面几乎呈现矢状位，限制了回旋运动。”[1]从中可以看出，脊柱是完全可以做旋转运动的，只是各段的旋转幅度不同，由下至上幅度依次增大，腰胯部仅可以做小幅度的旋转，不宜幅度过大，否则容易产生损伤。因此，脊柱可以做旋转动作，只是要掌握好运动的幅度。

三、粘连黏随

关于“粘连黏随”，流传着多种版本，如王宗岳的《打手歌》“掤捋挤按须认真，上下相随人难进。任他巨力来打我，牵动四两拨千斤。引进落空合即出，粘连黏随不丢顶”[2]，就是“粘连黏随”。而陈照丕老师在“理论十三篇中”，则采用“粘游连随”，陈鑫老师则用“沾连粘随，会神聚精”[3]，还有“粘黏连随”“沾粘连随”等诸多说法。

之所以会出现如此多的版本，与汉字的演变与使用息息相关。比如，1955 年我国《第一批异体字整理表》将“黏”字作为“粘”的异体字而取消，统一使用“粘”字，又在 1988 年《现代汉语通

[1] 杨桦等：《运动解剖学》，北京体育大学出版社，2016：80 页。
[2] 王宗岳等：《太极拳谱》，人民体育出版社，1995：37 页。
[3] 陈鑫：《陈氏太极拳图说》，山西科学技术出版社，2012：75 页。

用字表》中予以恢复，将“粘(nián)”在作动词使用时，均用“黏(nián)”来代替，而“粘”在作形容词使用时，依然保持“粘(zhān)”。而“沾(zhān)”则是在“黏(nián)”字取消的特殊时期，为了防止与“粘(nián)”出现混淆，临时代替原来作形容词使用的“粘(zhān)”。按字的含义来讲，“沾(zhān)”仅有附着、挨着之意，无“黏(nián)”之意，而“粘(zhān)”则有黏(nián)着之意。

洪均生老师说：“‘粘黏’是讲劲好似胶漆那样，只要双方接触上，就像碰到胶漆，而无法脱离。‘粘黏’二字是形容劲的性质的形容词。‘连随’是动作方法。为了粘，便须用随法。为了粘得黏，便须用连法。陈鑫用螺丝钉拧到木器上无法硬拔出去的比喻，最能表明缠法的粘黏形象。不能硬拔出，说明‘不丢’；螺旋前进，说明不‘顶’。”[1]按照其解释，“粘连黏随”应该为“粘黏连随”或者“粘随黏连”。

无论哪种说法，都体现了太极拳尤其是陈式太极拳的一类基本要求，劲力要粘黏，动作要连随，其具体的含义在推手及套路演练中既有相同之处亦有明显区别。

在推手中，“粘”是指我与敌要保持接触，与之相反的就是“离”，即双方不接触。虽然在“离”的情况下，通过眼神观察，也能发现对手的一些劲力变化，但是与在“粘”的条件下直接感知对手劲力情况相比，“离”显然不如“粘”。

那么要如何做到“粘”呢？正如洪均生老师所讲，需要用到“随”。虽然在我们的认知里，“粘”本身就好像狗皮膏药贴在身上具有一定的“黏”性，但是人毕竟与膏药不同，这种“黏”性客观上是不存在的。因此，要想保持“粘”，也就是使敌我双

[1] 洪均生：《陈式太极拳实用拳法》，山东科学技术出版社，1989：324 页。

方的距离为零，只有两种方法。一种方法，是与对手对向运动，对手向前攻击我则向前顶抗，对手向后撤退我则向后拽拉，对手向左运动我则向右阻断，这种方法就是“顶”，依靠压迫的方法强行使敌我双方“粘”，失去了太极拳的本义，不可取。另一种方法，就是跟着对手一起同向运动，对手速度多快我就多快，对手变速我就变速，对手向哪个方向运动我就向哪个方向运动，总之，就是以对手为参照物，保持与对手的相对静止，这就是“随”，凭借与对手的相对速度为零巧妙地使敌我双方“粘”在一起。

尽管“随”的方法十分讨巧，但也存在一个致命的弱点，如果一味地、无底线地“随”，极容易被对手控制而失去主动权。比如，当“随”对手运动至自己的重心将要失去平衡时，身体的中正将要被破坏，还要接着“随”吗？当对手突然变化动作，由于意识反应上的时间差，我很难在第一时间感知这种变化，“随”还能维系吗？只是“随”着对手的运动，那么如何才能战胜对手呢？难道仅仅指望对手出现失误吗？

要克服“随”的缺陷，还需要“黏”和“连”的助力。所谓的“黏”，并非真的在敌我双方接触的位置有胶粘着，而是一种感觉或现象，是因为该处存在摩擦力，该摩擦力在一定程度上阻滞了双方肢体的动作，好像有胶水粘着一样。同时，我们知道，若要产生摩擦力，无论是静摩擦力还是滑动或滚动摩擦力，都需要接触面上发生相对运动趋势或相对运动，好似有一条皮筋把敌我双方连在了一起，扯也扯不开，拉又拉不断，这种相对运动趋势或相对运动，就是“连”。比如，当对手向前攻击时，我不能直接进行对抗，否则无法在接触面产生摩擦力，可以在向后“随”

的防御中，采取向上、向下、向左、向右及向前、向斜后等方向的微小“连”的运动，使敌我双方接触位置产生横向或纵向的摩擦力，从而改变对手的运动方向，既可以避免自身因“随”而被动防御，又可以破坏对手的进攻。这种在“随”动中的相对运动就是“连”，其产生的摩擦力作用效果，就是“黏”。有了这种“连”“黏”劲，对手在运动过程中，始终感觉有一种奇怪的力道在施加己身，使劲力不能自由地施展。因此，也可以说，先“连”后“黏”，而“连”本质上就是掤、捋、挤、按四正手劲力的运用。

王宗岳《太极拳论》讲，“人刚我柔谓之走，我顺人背谓之黏……黏即走，走即黏”[1]。前一句“人刚我柔谓之走”的“走”，就是“随”的意思，只有“黏”才能做到“我顺人背”。后一句“黏即走，走即黏”，有两层意思，一层就是“随”与“黏”要同时存在，另一层指的是“黏”不能固定不动，要在接触面上做相对运动，才能产生“黏”，这种相对运动就是“走”，其含义与“连”相同。故而，陈照丕老师讲“粘游连随”，其中的“游”就是对“黏”的形象说明，只有“游”动起来，才能产生“黏”。

在拳架套路中，“粘连黏随”的基本含义并未发生重大变化，但是“粘黏”的对象和“连随”的方法与推手迥然不同。“粘黏”的对象不同，不再是对抗的一方，而是自身的部位关节。人体内每两个相邻的部位或关节，或者相接触的肌肉与骨骼，成为全新的“粘黏”的双方，双方的运动像推手中的“粘黏”劲一样，既

[1] 王宗岳等：《太极拳谱》，人民体育出版社，1995：25 页。

要接触，还要带有黏性。“连随”的方法不同，不再是摩擦力为主要作用力，而是以肌肉的牵拉和气的贯穿为主要方式，表现为劲力的节节贯串和连绵不断。因此，推手如练拳，有人似无人，练拳如推手，无人似有人，练拳时的对手是自身而已。有人说，练拳时好像肢体受到空气的阻力一样，其实我们根本不可能感觉到这种阻力（除非是有风），只是在感受自身各部位关节的牵拉运动，真实的阻力来自身体内部各部位关节的“粘黏”劲。只有理解并掌握了这种身体内部的“粘连黏随”，才能真正理解练拳时劲力连绵不断的含义。

四、一气贯串

前文第四阶讲的是“节节贯串”，在本阶段“连绵不断”中需要将认识提升到“一气贯串”，两者并不矛盾，前者说的是劲力的传导过程，后者说的是劲力的主体与传导速度。

气与劲具有离散性。从数学概念上讲，气及最后产生的劲，都是离散的，并非连续的，就像看似平滑无折的曲线，在高等数学的理解中，这样的曲线是由无数的极为短小的直线所构成。在现实生活中，根本不存在绝对的平面、直线，在微观条件下，都不同程度地有一定的误差。这样的规律用在人的身体上，也是同样适用的。练拳过程中的气与劲，并非一股气或一股劲，而是无数股气和无数股劲，像手串珠子一样，一个接一个源源不断地产生，否则就会出现停顿断劲。

气与劲具有瞬时性。气与劲的传导速度是极快的，由脚到手的运行几乎是一瞬间完成的，产生得快，消亡得也快。因此，当一股气或一股劲产生后，要迅速地将之运动至周身各处，使该股气或劲直达末梢，而非如想象中的缓慢地一节一节、一点一点地在体内向前蠕动。

理解了气与劲的离散性，才能在拳架练习中始终保持足底的根劲不丢，内气才会饱满连贯，才真正地做到了“连绵不断”。想清了气与劲的瞬间性，才能体悟到什么是“一气贯串”，才不会“在气则滞”[1]。

[1] 王宗岳等：《太极拳谱》，人民体育出版社，1995：47 页。

第三节 基础功法

在本阶段，需要充分利用前几阶掌握到的技能，转化为使动作和劲力连绵不绝的方法。连法大致可分三类：形连、气连（或劲连）和意连。一般来说，要根据套路中招式的特点来采取相应的连法，也可以使用一种连法贯穿始终，当然也可以同时采用多种连法，而最终一定是三种连法的综合运用。

一、形连

形连，是指使用肢体，如手在连接处采取小圈或小半径弧线做缠丝运动，或者腰运用移动、旋转、塌领、折迭等方式，使招式动作的转换在外形上如行云流水般流畅，速度匀，劲力稳。

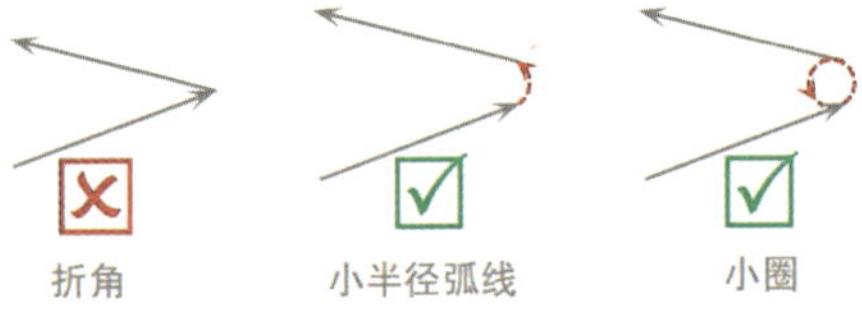

形连的关键在于外形动作的不停顿，要重点关注招式动作方向变化的转折处，灵活运用身体各部位，避免在转折处形成折角，要使两个方向的动作之间以小半径弧线进行连接，或者用完整的小圈来实现。诸如左右、前后、上下等各种方向变化的动作中，均应体现弧线与圈，这个叫作“式断形连”。

可以实现形连的部位关节较多，如手、肘、肩、胸、腰、臀、胯、膝、踝、足等，其中比较常见的是手与腰。原因在于，手为动作幅度最大、动作变化最多的部位，是一身之梢，拳论讲“梢节领劲”，以手来完成形连是十分恰当的，而腰处身体中部，为一身之主宰，腰一动而身体无有不动，以腰来进行形连也是必要的。其他部位的形连，可随着拳艺的提高，不断进行尝试，可能会有意想不到的体会与收获。

以右手正缠丝为例，右手上挤穿后向右上捋时，右手由顺缠变逆缠，右手不可在原地直接逆缠旋翻向右上拉开（形连图①），否则将形成折角，应该继续向上运动并逐渐逆缠旋翻再向右上运动完成转折（形连图②）。

形　连

二、气连

气连，又叫劲连，是运用内气的连接实现肢体或劲力转换变化的方法。其关键在于内气的弧形或圈形运动，重点是内气运动的不间断。使用气连时，尽管可能会出现外形的不连续，肢体动作会产生折角的形状，但由于内气的弧形或圈形运行，习练者自身依然能够感觉得到劲力圆滑的转换，这个叫作“形断气连”。

气连最常用的就是沉连，即利用人体的重力，先使内气或内劲沿重力作用线垂直向下运动（沉连图②），在劲力松沉至脚底后，再由下至上传递，产生各种各样的运动路线，是一种最为放松且易行的气连形式。

沉 连

除沉连外，还有丹田连，即利用丹田的内转，使内气在体内实现灵活变化。如懒扎衣合手左转上穿的动作，先利用丹田沿右下弧、左上弧逆时针内转半圈（丹田连图②），而后再进行转身穿掌的动作。

丹田连

三、意连

意连，是比较抽象的一个概念，最难形容，是指意念在整个套路中，始终引导与控制肢体与内气的运动，不得有丝毫停滞，即便外在形体和内气出现分断，意念依然连贯，可以叫作“气断意连”。

意连通常用于发劲动作后的连接。在陈式太极拳套路中有许多发劲的动作，发劲后往往内气向某一个方向快速发散，在短时间内很难改变其运动方向，此时就需要用意念来保持与下一个动作的自然转化，从而保证整体拳感上的连绵不断。

意连最直观的方法就是松连，即在发劲之后迅速将全身肌肉松弛，意念在这一瞬间就从原来的发劲动作中跳转出去，此时身体一方面会在重力作用下自然出现向下的运动，进而引动内气使用沉连或丹田连之法去做下一个动作，另一方面也会在弹抖劲的作用下自然回弹，从而实现动作的自如转换。

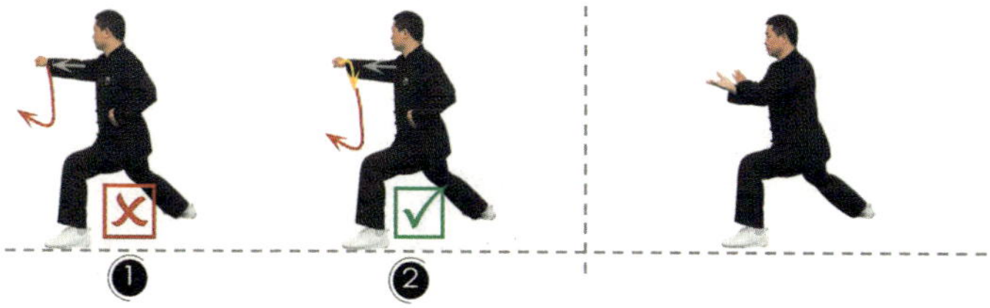

意　连

第四节　一式入阶

六阶·金刚捣碓

沉连

右手先小幅向下沉按后再向左运动。

沉连

左手先小幅向下沉按后再向左运动。

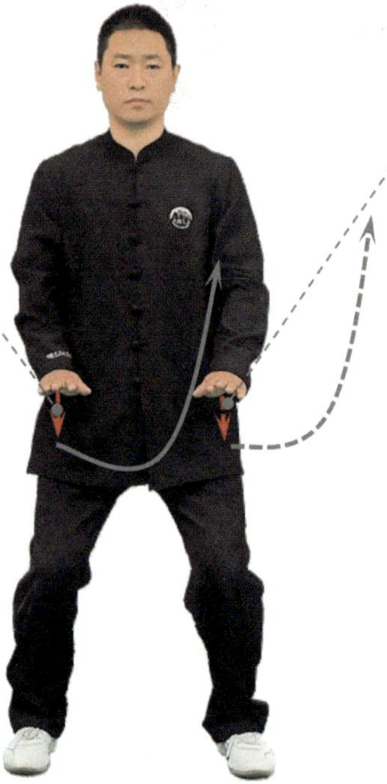

零

六阶·金刚捣碓

壹

沉连

左手先小幅向下沉按后再向右运动。

沉连

右手先小幅向下沉按后再向右运动。

腰连

腰向前移，再向右转，带动手脚动作。

六阶·金刚捣碓

贰

腰连

腰向下沉塌，带动手脚动作。

叁

六阶·金刚捣碓

弧连

右手先顺时针画小弧后再向下向左运动。

弧连

左手先顺时针画小弧后再向下向左运动。

六阶·金刚捣碓

肆

六阶·金刚捣碓

伍

丹田连

左腹回收引带，带动手脚同时动作。

陆

六阶·金刚捣碓

丹田连

右腹回收引带，带动手脚同时动作。

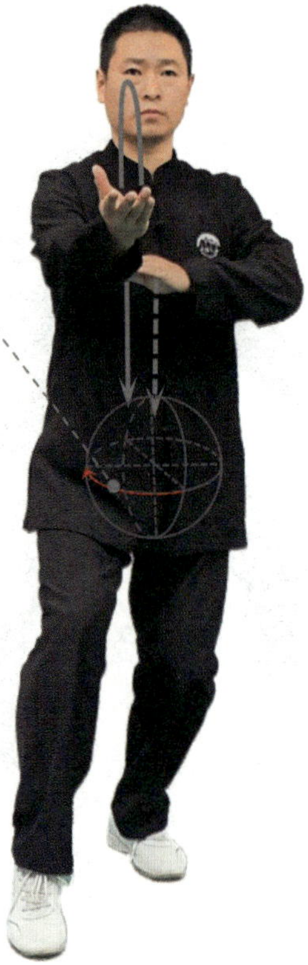

六阶·金刚捣碓

柒

丹田连

先左腹回收引带，再右腹回收引带，带动手脚同时动作。

六阶·金刚捣碓

腰连

腰向下沉塌，带动手脚动作。

捌

六阶·金刚捣碓

沉连

右手先小幅向下沉按后再继续运动。

沉连

左手先小幅向下沉按后再继续运动。

玖

第七阶 阴阳相变

陈式太极拳拳理根植于太极阴阳，一招一式，虚实分明，开合有度，缠绕进退，上下左右，如圆轮转，阴阳互为根基又互为枝叶，劲力虚中有实、实中有虚，虚可以变实，实亦可变虚，既有章可循，又变幻莫测，用毕生之力研究也难以尽其妙。陈正雷老师在“陈式太极拳十段功法论”中将最后一种层次定义为“变化无方、神鬼莫测”，是十分贴切的。陈鑫老师所写的“太极拳经谱”，列举了阴与阳的诸多变化：“太极两仪，天地阴阳。阖辟动静，柔之与刚。屈伸往来，进退存亡。一开一合，有变有常。虚实兼到，忽见忽藏。健顺参半，引进精详。或收或放，忽弛忽张。错综变化，欲抑先扬。必先有事，勿助勿忘。”[1]正是由于陈式太极拳中的动与静、刚与柔、屈与伸、进与退、开与合、虚与实、引与进、收与放、抑与扬等诸多变化，才形成了千人千形、一人一拳的独特现象。古往今来，单一拳种变化最多、分系最杂、形态差异最大的，必太极拳无疑。

因而，本阶段是在守规矩上破规矩、在破规矩中立规矩，这种守、破、立，既体现了陈式太极拳太极阴阳思想的辩证性，又做到了继承中创新、创新中发展，符合人们对事物认识的基本规律，是陈式太极拳永葆青春与活力的秘诀。

既然要打破原来的规矩，就需要在原来练法的基础上有所变

[1] 陈鑫：《陈氏太极拳图说》，山西科学技术出版社，2012：74 页。

化，适当地调整练拳的速度，改变招式动作的快慢节奏，灵活掌控意气的运动方向和强度，尝试身体同一部位的虚实转化等诸多形式，将太极的阴阳相变充分演绎出来，形成自己独具一格的陈式太极拳练法。

尽管阴阳的变化难以一一穷尽，但是可以抓住重要的变化进行相应练习，重点突出掤劲的正反变化、招式的由慢转快、柔劲变发劲及静中求动，待掌握娴熟后，再进行其他变化练习。

陈式太极拳的阴阳相变，是极为深奥且十分难练的阶段，仅仅一种变化就需要大量的时间去练去悟，悟出一种变化还需要长时间的巩固加强，要求习练者极具耐心、细心和专心，同样要求习练者刻苦反复揣摩、反复练习，对身心是一种极强的考验。

在此阶段，肢体动作已十分纯熟，各种变化也了然于胸，各部位关节松活灵动，拳路的风格特点已然形成，形象犹如八卦中的坤卦☷，但是由于人体的动态性，很难一直维持“五阴并五阳”的状态，总体上仍处于“四阴六阳类好手”的层次，还需要继续努力攀登拳法巅峰。

第一节 目标标准

这个阶段，核心是能够自如地控制内劲，劲力的方向可以通过意识来灵活地调节，劲力的运行速度可以随心所欲，劲力的大小可以自由地变化，劲力的虚实可以顺畅地转换，动作静而似动、动而似静，阴阳轮转，无不得其宜。具体的标准可概括为四个：正反有别、快慢有法、刚柔有度、动静有节。

标准		说明	达标
一	正反有别	能够在人体正反两面变化劲力	★★☆☆☆
二	快慢有法	能够灵活改变招式的速度	★★★★☆
三	刚柔有度	能够柔劲刚发，也能够刚劲柔打	★☆☆☆☆
四	动静有节	招式的运动与静止要有节奏	★★☆☆☆

一、正反有别

太极有阴阳，人体分正反，手心为正、手背为反，臂弯侧为正、臂弓侧为反，肩前为正、肩后为反，胸腹为正、背后腰为反，大腿前侧为正、臀侧为反，小腿前侧为正、后侧为反，脚底为正、脚面为反，劲力在人体正反两面运行。

在意念的作用下，人体的神经和骨肉系统可以改变劲力在人体正反两面的方向与强度，这种方向和强度的变化微乎其微，非经验丰富者难以察觉。变化的劲力在周身运行，虽然外形依然无较大差别，但内在却发生翻天覆地的变化，习练者能够深刻体悟到太极阴阳的神奇转化，难度可想而知。因此，能够体会到其中奥妙的 40%（★★☆☆☆），就非常难得了。

二、快慢有法

陈式太极拳是一种快慢相间的拳种，之所以开始要慢练，是因为既要放松肢体避免僵硬，还要熟悉招式路线，又要体会内气劲力的运行，快则揠苗助长，慢能事半功倍。

陈式太极拳习练至此阶段，慢练不再是一种方法，而提升为一种境界，动作招式或快或慢，是对太极阴阳辩证的感悟，是意气形协调配合的自然结果，既是心灵的一种享受，也是一种形体美的传播。原本慢的动作可以加快，快的动作也可以慢下来，慢与快的转化随心而为，不必拘泥于哪式哪动。

招式速度的改变做到千变万化容易，但若要形成自己独特的套路风格则比较难，因此，做到 80%（★★★★☆）方为合格。

三、刚柔有度

陈式太极拳是一种刚柔并济的拳种，纯刚无柔与纯柔无刚都不是太极拳，要求柔中带刚、刚中寓柔。

陈式太极拳老架一路以柔为主、以刚为辅，柔劲的动作多，刚劲的动作少。比较明显的刚劲，比如金刚捣碓和玉女穿梭的震脚，掩手肱拳、青龙出水和指裆捶的冲拳及一系列踢、蹬、摆等腿法动作，从分解动作的数据分析来看（数据来自陈正雷著《陈式太极拳全书》），陈式太极拳老架一路共计 359 个分解动作（不含倒卷肱、云手的重复动作，其中倒卷肱 8 个，云手 6 个），其中刚劲有 32 个分解动作，占比仅为 8.9%。

如果改变刚柔的运动方式，使刚柔所占比重基本平衡，陈式太极拳老架一路将是另一种面貌，基础要求刚劲占比需达 20%（★☆☆☆☆）以上。

四、动静有节

从第六阶“连绵不断”的角度出发，陈式太极拳的套路演练过程中，不应该出现静止的动作，但是，从哲学的观点来看，不存在绝对的静止，静止只是相对的，静止其实也是一种运动。在练拳的过程中，即便外形动作上看似处于静止状态，但是内在的意识与气血却一直处于运动之中。因此，外形动作的静止并不违反太极拳的理念。

陈式太极拳套路中的动静变化，是在充分体悟到意气运动基础上的必然结果，看似不动的外形，其实内在意气周流不息。我们可以将静看作一种速度趋向于 0 的运动，只要肢体速度足够慢，就展现出静止的状态。

在实际练拳中，多做一些静止的动作，能够大幅降低陈式太极拳演练过程中的心率，可有效避免因心率过快而引起的心慌、气短、胸闷等诸多不适。数据显示，如果动静得当，将一套陈式太极拳老架一路打下来，平均心率一般都在 110 次/分左右，最高心率则不会超过 130 次/分（数据来自笔者亲身的测试，测试工具为华为手表 GT2PRO），是一项对健身养生非常有益的有氧运动。

许多练习者由于初次接触，未能掌握动静的规律，在心率测试时并不能达到理想的结果，只要与标准平均心率 110 次/分之间的差值比原来降低 20%（★★☆☆☆）即可满意。

第二节 拳理铺陈

本阶段是全面领悟太极哲学辩证思想的过程，要将太极阴阳的种种变化在每招每式中悉数体现，有些是外在的形态，有些是内在的感觉，深刻体察阴即阳、阳即阴的太极之理。

一、内劲的对拉

在第二阶讲“对拉”的拳理时，将“对拉”分为两类，其中一类叫“内劲的对拉”，这种“内劲的对拉”与意气的作用密切相关。我们知道，在意念的作用下，内气在身体各处周流不息，其循行路线错综复杂，既可以在全身整体形成对拉劲，也可以在某个部位关节形成对拉劲，当然亦能在同一位置形成多个方向的对拉劲。每组对拉劲内的两个劲力，方向相反、大小相等，作用在人体的正反两面，一起在周身构建起支撑八面的掤劲。

这种内在对拉劲的方向有三种形式，第一种是相对，第二种是相离，第三种是相错。相对是指两个劲力在一条线上，方向均

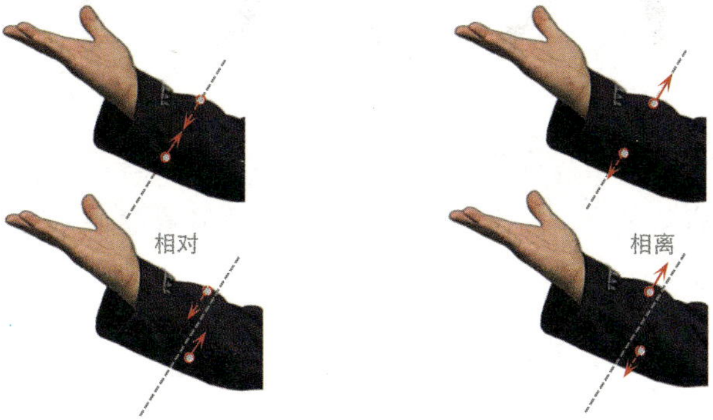

相对

相离

相错:对相错

相错:离相错

指向对方作用点；相离是指两个劲力在一条线上，方向均背向对

方作用点；相错是指两个劲力不在一条线上，方向相反。相错又因作用点的位置与劲力的方向，分为“对相错”和“离相错”。

同一个招式动作，可以因意念和内气的改变，在全身或局部产生三种形式的内劲对拉，对拉的方向也可以千变万化。这种改变外人很难区别，但习练者自身却感觉十分明显。

比如懒扎衣的最后定式动作，在外形上表现为右掌向右侧推按。如果内劲运用的是上下对拉，注重下沉劲和下按劲，就会在右掌心根部和右掌背根部相对应位置形成相离的对拉劲；如果内劲运用的是前后对拉，注重前按劲，则会在右掌心和右掌背相对应位置形成前进后收“离相错”的对拉劲；如果内劲运用的仍然是前后对拉，但是注重后挤劲，则会在右掌心和右掌背相对应位置形成前收后进“对相错”的另一种对拉劲。

上下相离

前后离相错

前后对相错

总之，内劲的对拉变化多端，正所谓“一念起，万劲生”，这里仅能言其大概，而不能一一详尽，习练者可以举一反三，细心揣摩，深入体会。

二、速度的匀变

我们知道，武术是综合能力的体现，是体能、技巧、战术与心理四要素的全面较量，陈式太极拳也不例外。其中的体能，是力量、速度、耐力、协调、柔韧、灵敏等诸多因素的作用结果，速度就是影响体能最重要的因素之一。

陈式太极拳的速度，在学拳之初，以匀速为主，之后特别是到本阶段，要舍弃匀速，注重以变速为主。在动作的开始，以突然的爆发力为动作提供较高的初速度，而后在运行的过程中因肢体的自然阻碍，动作速度慢慢下降，直至减小至静止状态，再发力进行下一个动作，如此往复循环，形成陈式太极拳快慢相间的风格特点。

匀速，是为了劲稳，避免使用僵力拙力。根据牛顿第一定律，任何物体在不受任何外力作用下，总保持匀速直线运动状态或静止状态，直到有外力迫使其改变这种状态为止。因此，在我们以匀速练习陈式太极拳的套路招式的过程中，要始终保持运动的肢体受到的合外力为零。比如拗步前推的动作，手臂在向前运动时如果保持匀速运动，那么手臂所受的合外力必然为零，由于身体肌骨阻力的必然存在，这就要求手臂与身体连接的部位肩关节既要有向上的支撑力，还要有向前的推动力，而且肩部的支撑力不能大也不能小，必须与手臂的重力完全相等，推动力也要与肌骨阻力完全相等，以维持手臂的匀速运动状态，这就要求肩部用力必须恰如其分。

匀速练拳通常会给人一种连绵不断、动作稳健、劲力饱满等美好的形象，给练拳者自身也带来一种美的享受，适合于年龄偏大、体适能偏差、偏于健身养生的习拳者，练拳的过程动作匀称，姿势优雅，不急不躁，心境平和。

有必要做一个额外说明，在练习陈式太极拳中所谓的沉劲感，其实就是对 N 支撑力的一种内在感受，所谓的阻力感或空气阻力，其实就是对 f 肌骨阻力的一种内在感受。

匀速时的劲力虽然稳定，但也存在一个致命的缺陷，就是不够灵活，很难应对突如其来的外力，尤其是当外力变化多端且十分迅速时，这种匀速的动作就显得力不从心，很难做到周身相随、舍己从人。因此，会出现一种现象，拳练得挺好，但是一与人接手对抗，往往无所适从，所练习的动作会严重走形，不仅不会起到制人的目的，反而会为他人所制。

变速，则恰好能弥补匀速不够灵活的弊端，同时也能大幅提高身体内能的转化效率，进而提升发劲的力量。根据动能公式 $E=\frac{1}{2}mv^2$，考虑到转化过程中能量的损耗系数 η（η<1），实际能够获得的内能为 $E_{内}=\frac{1}{2}\eta mv_0^2$，$v_0$ 即为动作的一瞬间获

得的初速度。当肢体获得一定的初速度 v_0 后，肢体迅速松弛不再主动发力推动前进，而是在自身肌骨阻力的作用下，自然减速运行，直至速度为零后，再释放身体内能，重新产生运动的初速度。仍以拗步前推的动作为例，手臂所受的合外力不为零，整个手臂做减速运动，肩关节向上的支撑力依然与手臂的重力相等，肩部不产生向前的推动力，仅存在向后的肌骨阻力。

这样做的好处，除去突然发力的起始阶段，其他过程全身肌骨不用主动用力参与运动，过程中全身放松，遇到外力即可减速或变向，既可以灵活地改变劲路，又可以最大限度地放松身心。

当然，在熟练掌握陈式太极拳变速运动的规律之前，常常会出现一个动作并不能通过一次变速完成，往往需要在中途再突然加速后减速，有时还会运用多次变速来完成某动作。主要原因在于，减速过程中肌肉关节放松不够，引起肌骨阻力过大，致使减速过快。

变速练拳会感受另一种太极美，适合于年龄偏轻、体适能较好、偏于竞技对抗的习拳者，动作节奏分明，快慢相间，动中有静，静中有动，美不胜收。

变速固然可以使劲力灵活、肢体放松，但是在突然加速的一瞬间需要极强的爆发力，对全身肌肉骨骼的控制力要求极高，运用不当，会发生短暂的肌肉紧张、全身僵硬等问题。

因此，陈式太极拳习练者可以根据个人的需求与身体条件，合理地选择匀速或变速，在全套动作中结合招式动作，灵活地采取匀速或变速，打出自己独有的套路风格。

三、劲力的蓄发

根据运动生理学的理论，“人体在各种运动中所需要的能量分别由三种不同的能源系统供给，即磷酸原系统（phosphagen system）、酵解能系统（glycolytic system）和氧化能系统（aerobic system）”[1]，三个系统按照不同比例为肌肉收缩提供直接的能源ATP（三磷酸腺苷）。

在练拳过程中，我们的身体能够利用的能量分两类：肌肉内能与重力势能。肌肉内能，是指因肌肉的舒张收缩、ATP 消耗与补充而产生的能量；重力势能，是指因身体重心的高低变化、重力做功而产生的能量。

所有的劲力都需要能量的供给，能量准备的过程叫“蓄”，能量释放的过程叫“发”，整个过程叫“劲力的蓄发”。

“蓄”，即能量准备的过程，一类是 ATP 不断再生合成的过程。由于肌肉中贮藏的 ATP 非常少，仅能维持 6-8 秒的运动，因此需要通过三种能源系统不断合成产生，才能保持肌肉内 ATP 浓度的相对稳定。这种 ATP 消耗后的再补充，就是一种“蓄”，身体上最直观的感受就是肌肉恢复了弹性、变得有劲了。由于肌肉舒张时几乎不消耗 ATP，所以太极拳“蓄”劲时，要求肌肉尽量放松，不得使用僵劲拙力，如此，才能使“发”劲时消耗的 ATP 得以快速补充。在拳架套路动作中，慢是“蓄”，松是“蓄”，柔亦是“蓄”。

“蓄”的另一类，则是利用呼吸，将身体的重心提高，进而增加重力势能。我们都知道，陈式太极拳不允许运动过程中身体

[1] 王瑞元，苏全生：《运动生理学》，人民体育出版社，2012：176 页。

向上抽拔，但是并未讲过重心不得上浮。人体的重心并非固定不动，而是随着身体的姿势及内部的气血循环甚至意念的支配灵活变动的。练拳过程中，即便不使身体外形姿势出现上拔，通过腹式呼吸的引导，改变腹部的形态，依然可以将重心上移，特别是在吸气时下腹内收采取逆腹式呼吸法，即可达成重心向上提升的目的。哪怕这种重心提升十分微弱，也能够增大我们的重力势能。比如一个体重 70 公斤的练拳者，重心每提升 1 毫米，重力势能将增加约 0.7 焦耳。这也就是为什么陈式太极拳发劲前要吸气，不仅能够通过吸入氧气为合成 ATP 提供物质，也可以提升重心增大重力势能。因此，吸为“蓄”，吸时要慢、松、柔。

两类“蓄”劲，以第一类“蓄”的方式为主，其能量准备比较充足，可以为“发”劲提供较强的能量供给，第二类“蓄”则是第一类的有效补充，主要用在快速连续“发”劲。

“发”，即能量释放的过程，与“蓄”相对应，一类是肌肉的收缩、消耗 ATP，一类是降低身体重心、减小重力势能。因此，在动作中，“发”要快、紧、刚，要使用呼气令身体重心下沉。由于发劲时间极为短促，多为无氧运动，肌肉贮藏的 ATP 难及时补充，因此，发劲可以维持的时间极短，连续的发劲一般不会超过十秒。

陈式太极拳练至本阶段，可以适当地增加“发”的动作，将原本为“蓄”动作改为“发”，也可以将原本“发”的动作调整为“蓄”，灵活控制“蓄”“发”的比例，突显出陈式太极拳刚柔相济的风格。

四、招式的动静

“夫道者，有清有浊，有动有静。天清地浊，天动地静；男清女浊，男动女静。降本流末，而生万物。清者浊之源，动者静之基。人能常清静，天地悉皆归。”[1]这是道教《清静经》的一段话，从文中可以看出，清属动，所谓清静，即动静，《清静经》就是讲动静的道理。

中国传统的道家哲学对运动与静止的观点，与马克思主义哲学基本原理不谋而合，均认为运动是普遍的、永恒的、无条件的，具有绝对性，而静止是运动中包含着的暂时的、有条件的、相对的静止。运动和静止相互依赖、相互渗透、相互包含，相对静止中包含着绝对运动，绝对运动中也包含着相对静止的状态，动中有静，静中有动。

陈鑫老师在《陈氏太极拳图说》一书中关于动静的论述，多达二十余处，“动静缓急，运转随心”[2]，“动静无偏，乃尔之强”[3]，“此所谓动则生阳，静则生阴，一动一静，互为其根”[4]，“是亦由静而之动，既动之后，静复生也，动静循环，岂有间哉！吾所谓一动一静，一开一合，足尽拳中之妙……”[5]，等等，鞭辟入里的阐释，无不体现动静在陈式太极拳中的重要性。

陈长兴老师在《太极拳十大要论》中讲：“静无不静，表里上下全无参差牵挂之意。动无不动，前后左右均无犹豫抽扯之形，洵乎若水之就下，沛然莫能御之也。若火机之内攻，发之而不及

[1] [唐]杜光庭等注：《清静经集释》，中央编译出版社，2015：7 页。
[2] 陈鑫：《陈氏太极拳图说》，山西科学技术出版社，2012：86 页。
[3] 陈鑫：《陈氏太极拳图说》，山西科学技术出版社，2012：108 页。
[4] 陈鑫：《陈氏太极拳图说》，山西科学技术出版社，2012：121 页。
[5] 陈鑫：《陈氏太极拳图说》，山西科学技术出版社，2012：146 页。

掩耳。不假思索，不烦拟议，诚不期然而已然。”[1]

拳法如兵法，《孙子兵法》军争篇有言，“故其疾如风，其徐如林，侵掠如火，不动如山，难知如阴，动如雷震”[2]，其中的“疾徐”“侵掠与不动”“动难”等都是动静的另一种表述。

可见，陈式太极拳的动静既有哲学上的依据，又有实战上的需求。那么，该如何理解并展现出陈式太极拳的动静呢？

十二个字概括：外动内随，外静内活，动静相生。

外动内随，分两种情况。第一种情况是肢体外形以匀速的方式运动，身体内部时刻贯穿掤劲，在与运动方向相反的方向，产生阻碍肢体向前运动的力量，在运动过程中的每一个极短的时间内，使向前的牵引力和向后的阻力形成一对平衡力，既不前冲又不后拉，做到“不丢不顶”“无过不及”，由于平衡力的作用，肢体在这一瞬间保持匀速运动状态，内气随同外在肢体一起同速运动，内气相对外在肢体处于静止状态。第二种情况是肢体外形以变速的方式运动，身体内部的掤劲消失，除运动初始一瞬间具有一定向前推动力外，运动过程中无任何推动力，身体内部产生与运动方向相反的阻力，运动速度自然递减，此时内气依然与外在肢体一起同速运动，依然相对外在肢体处于静止状态。

外静内活，是指当外形肢体处于静止不动时，内气或内部神经肌肉依然处于活跃状态，神经肌肉在意识的作用下，可以向多个方向运动，或向正前推按，或向侧前挤靠，或向正下松沉，或向身后挒打，这些内在运动均可瞬息万变。

动静相生，是指一个招式动作总是由静开始，以动运行，复

[1] 转引自陈正雷：《陈式太极拳全书》，上卷，人民体育出版社，2008：441 页。
[2] 骈宇骞等译注：《孙子兵法 孙膑兵法》，中华书局，2007：48 页。

归于静，一静一动，循环往复，动作不止，动静不息。尽管动静是相互交替的两个过程，但两者所占用的时间却不相同。在整个套路中，动的时间较长，静的时间较短，甚至静的时间之短使外人很难察觉，给人一种行云流水的错觉。

第三节 基础功法

练拳至本阶段，将重点体察身体正反两面的劲力互换，在拳式的速度上追求变化，由原来的慢速匀速逐渐过渡到快速变速，尝试加强发劲的练习，把一些原来柔化的动作变成发劲的动作，同时着力体会在招式静止时内气在不同方向上的变动，从而感受同一个招式内八种劲力的不同运用。

一、正反掤劲

人体有正反，掤劲亦分正反，尽管外在表现毫无差别，但内在感受却迥然不同。

正掤，是指在与对手接触点处施加的掤劲；而反掤，则指在与对手接触点的身体背面施加的掤劲。正掤，接触点处的肌肉是紧张的，而背面的肌肉是放松的。反掤，接触点处的肌肉是放松的，而背面的肌肉是紧张的。

当独自练习陈式太极拳套路时，不存在对手，亦不存在接触点，其掤劲变化犹如“变化之妙，存乎一心”，通常以招式用法中对敌的一侧为正面，背敌一侧为反面，正面施加掤劲为正掤，反面施加掤劲为反掤。

在攻防意识上，正掤为进攻，反掤为防守，正掤易犯顶劲，反掤常犯丢劲。无论正掤还是反掤，都需要另一面给予相反的劲力进行动态平衡，才能做到“不丢不顶”。

如懒扎衣的最后定式动作，右掌侧推按，掤在掌心即为正掤，掤在手背即为反掤。

正掤

反掤

二、慢招快打

陈式太极拳老架一路，大部分的动作较为缓慢，只有少量发劲的动作速度较快，一趟拳下来一般在 12–20 分钟，甚至于有更慢的练至 25 分钟左右。如果改变传统的打法，将慢的动作加快，同时保持原有的发劲动作，练拳的时间必将大幅缩短，笔者曾将一套拳的时间压缩至 4 分钟以内。

这种慢招快打的方法，其实就是将练拳的速度由匀速更改为变速，在一条运动弧线上，先由肌体在起始的瞬间爆发产生一定初始速度，在运动过程中受肌体自然阻力速度下降，直至静止状态。这个变速的过程极难把控，需要精准掌握爆发的强度，强度过大，动作到位或到极限的位置时，速度依然未降为零，自然就变成了发劲，而强度过小，动作还未走到位速度就没有了，正所谓“差之毫厘，谬以千里”。

套路中的每一个慢练的动作都可以采用快打的方法去练习，习练者可以从最基础的单手缠丝练习，再逐步过渡至套路中的所有招式动作。

三、柔劲刚发

柔劲刚发，是指将原本柔化的动作，变成刚劲的动作来打，在某一动作运动至终点时，突然快速、短促发劲。

陈式太极拳的招式，能柔亦能刚，柔外而刚内，刚露而柔藏，一个动作，先柔而后刚，刚后再转柔，处处蕴含太极之理。

初学陈式太极拳，往往从柔始，穷半生之力为“去僵求柔”，拳谚曰“千刚易得，一柔难求”，然而许多人却十分容易忽视“积柔成刚”。所谓“积柔成刚”，就是在柔劲的运行中能够自然顺畅地爆发出刚劲，这种刚劲快速灵动，不呆滞僵硬。如果刚劲发动过后，又能迅速转化为柔劲，则可以到达另一个境界，即“刚柔并济”。

故而，加强柔劲中的刚劲发放是陈式太极拳修炼的必经过程，同样可以先采用单手缠丝来练习，而后再结合套路的诸多动作逐一体会，做到所有柔劲都可以用刚劲来发放。

四、式静气动

式静气动，是指在肢体外形动作静止不动的条件下，体内的内气在意念的作用下，向各个不同方向运动，形成完全不同的内在劲力，同形不同劲。

按照陈式太极拳的八个劲力“掤、捋、挤、按、采、挒、肘、靠”，每一个动作在静止时，从理论上讲，其内气的运行都可以产生这八种劲力，可以叫作“一式八劲”，同一种劲力也可以朝向不同的方向，变化莫测，难以穷尽。

可以从单手缠丝的两个定式来感受这种劲力的变化。

1 掌背上掤　2 小指侧后捋劲　3 掌背后挤劲　4-1 掌心前按劲　4-2 掌根下按劲

5 掌心里采　6 手臂后挒劲　7 肘部后肘劲　8-1 肩部后靠劲　8-2 肩部前靠劲

1 大指侧上掤劲　2 小指侧左捋劲　3 掌背右挤劲　4 掌心左按劲

5 小指侧下采劲　6 臂内侧左挒劲　7 肘部前肘劲　8 肩部侧靠劲

第四节 一式入阶

变速

右手先加速运动，再减速运动，直至停止。

变速

左手先加速运动，再减速运动，直至停止。

七阶·金刚捣碓

零

七阶·金刚捣碓

壹

变速

右手先匀速小弧运动后，再加速运动，最后减速，直至停止。

匀速

与前六阶运动规律相同，保持相对一致的运动速度。

变速

左手先匀速小弧运动后，再加速运动，最后减速，直至停止。

变速

右脚随右手加速而加速，随右手减速而减速，直至停止。

七阶·金刚捣碓

贰

变速
右手先加速运动，再减速运动，直至停止。
变速
左手先加速运动，再减速运动，直至停止。
匀速
右脚匀速落地踏实。
变速
左脚先加速提起，再减速贴于右腿内侧。

七阶·金刚捣碓

叁

变速

右手先加速运动，再减速运动，直至停止。

变速

左手先加速运动，再减速运动，直至停止。

变速

左脚先加速落地，再减速踏实。

七阶·金刚捣碓

肆

变速

左手先加速画一小弧，再减速运动，之后再匀速向左。

变速

右手先加速画一小弧，再减速运动，之后再匀速向左。

匀速

与前六阶运动规律相同，保持相对一致的运动速度。

七阶·金刚捣碓

伍

变速

右手先加速运动，再减速运动，直至停止。

变速

左手先加速运动，再减速运动，直至停止。

变速

右脚先加速提起，再减速落地虚点。

七阶·金刚捣碓

陆

匀速

与前六阶运动规律相同，保持相对一致的运动速度。

七阶·金刚捣碓

柒

变速
右手先加速运动，再减速运动，直至停止。
变速
左手先加速运动，再减速运动，直至停止。
变速
右脚先加速上提，再减速，直至停止。

七阶·金刚捣碓

捌

变速

右手加速下砸，落于左手心内。

变速

右脚加速下落，落地时震脚。

七阶·金刚捣碓

玖

附录一 进阶总路线图

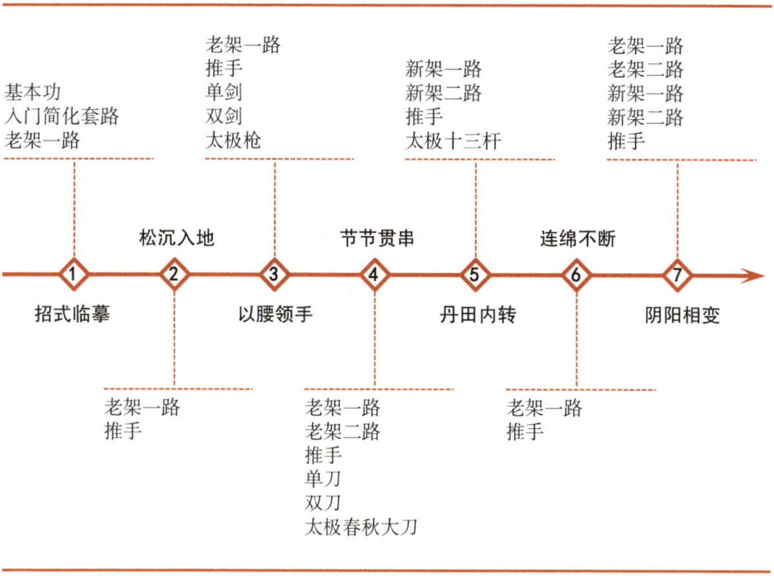
基本功
入门简化套路
老架一路
1
招式临摹
松沉入地
2
老架一路
推手
老架一路
推手
单剑
双剑
太极枪
3
以腰领手
节节贯串
4
老架一路
老架二路
推手
单刀
双刀
太极春秋大刀
新架一路
新架二路
推手
太极十三杆
5
丹田内转
连绵不断
6
老架一路
推手
老架一路
老架二路
新架一路
新架二路
推手
7
阴阳相变

附录二 调查问卷综合分计算方法

序号	前	后	序号	前	后	序号	前	后	序号	前	后	序号	前	后
1	1	1	11	2	0	21	1	1	31	1	1	41	1	2
2	1	2	12	1	1	22	2	1	32	1	1	42	1	0
3	1	2	13	1	0	23	2	1	33	1	1	43	1	0
4	1	1	14	1	1	24	1	1	34	1	1	44	1	0
5	0	1	15	1	1	25	1	2	35	0	1	45	1	1
6	2	0	16	0	1	26	1	1	36	1	1	46	1	1
7	1	1	17	0	1	27	2	0	37	0	1	47	1	1
8	0	0	18	1	1	28	1	1	38	1	1	48	2	0
9	1	2	19	0	1	29	1	0	39	1	1	49	1	1
10	2	0	20	1	1	30	2	1	40	1	0	50	1	0

选择前项则取前项相应值，反之取后项相应值，计算所有问题值之和，即为综合分。

附录三 图述三阶

拳谚云“八卦步，形意拳，太极腰”，简明扼要地点出三大内家拳的核心，其中的“太极腰”，说明了腰在太极拳中的重要地位。从一阶至七阶，第三阶的“以腰领手”则是全面讲述“太极腰”的运用方法，在全阶段练习中起到承上启下的作用，是太极拳特别是陈式太极拳爱好者登堂入室的关键一阶，掌握三阶全部的腰的运动规律至关重要。

因此，本书在此特将老架一路全套动作的每一个腰的动作，均单独进行分图简述，同时将腰在运动时和手与脚的配合动作一并做了图示，以期整体形象地表现陈式太极拳老架一路的腰的运动形态，为陈式太极拳爱好者提供一种习练参考。

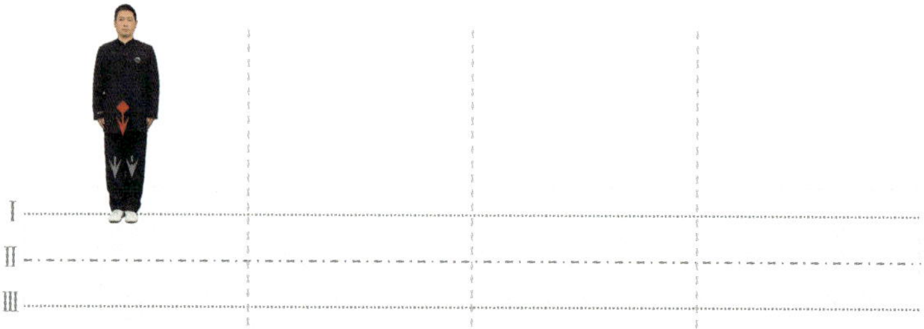

预备势

第1式 太极起势

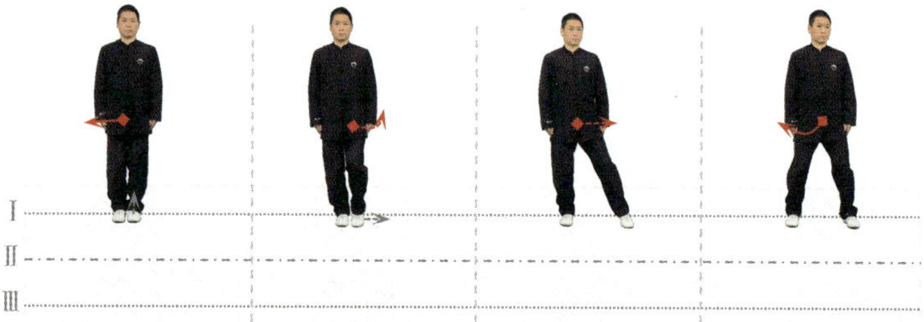

1 下塌腰　2 右移腰[小]　3 左转腰[小]　4 左移腰

5 右转腰[正]　6 下塌腰[小]　7 下塌腰

第2式 金刚捣碓

1 左转腰[小]　2 右移腰　3 左移腰　4 右转腰

5 前移腰 | 6 右转腰 | 7 下塌腰 | 8 右转腰

9 左转腰 | 10 前移腰 | 11 左转腰[小] | 12 右转腰[正]

13 左转腰[小] | 14 右转腰[正] | 15 下塌腰

第3式 懒扎衣

1 左转腰 | 2 右移腰 | 3 右转腰 | 4 左移腰

5 下塌腰　6 左转腰　7 右移腰　8 右转腰[小]

9 左转腰[正]　10 下塌腰[小]

第4式 六封四闭

1 左移腰　2 左转腰　3 右移腰　4 右转腰

5 左移腰　6 左转腰　7 右移腰　8 右转腰

9 下塌腰

第5式 单鞭

1 右转腰　2 左转腰　3 右转腰[正]　4 下塌腰

5 左移腰　6 左转腰　7 右移腰　8 右转腰

9 左移腰　10 左转腰　11 右转腰[正]　12 下塌腰

第6式 金刚捣碓

第7式 白鹅亮翅

5 左移腰　6 左转腰　7 下塌腰　8 右移腰

9 右转腰　10 左转腰[汇]　11 下塌腰

第8式 斜形

1 左转腰　2 右转腰　3 右转腰　4 下塌腰

5 左移腰　6 左转腰　7 右转腰　8 左转腰[汇]

9 下塌腰

第9式 搂膝

1 左转腰

2 右移腰

3 右转腰

4 左转腰[正]

5 下塌腰

第10式 拗步

1 右转腰

2 下塌腰

3 前移腰

4 后移腰[小]

5 左转腰　6 前移腰　7 下塌腰　8 前移腰

9 后移腰[小]　10 右转腰　11 前移腰　12 下塌腰

第11式 斜形

1 左移腰　2 左转腰　3 右转腰　4 左转腰[正]

5 下塌腰

第12式 搂膝

1 左转腰　2 右移腰　3 右转腰　4 左转腰[正]

5 下塌腰

第13式 拗步

1 右转腰　2 下塌腰　3 前移腰　4 后移腰[小]

5 左转腰　6 前移腰　7 下塌腰　8 前移腰

9 后移腰[小]　10 右转腰　11 前移腰　12 下塌腰

第14式 掩手肱拳

1 左移腰　2 左转腰　3 右移腰　4 右转腰

5 左移腰　6 左转腰[正]

第15式 金刚捣碓

1 左转腰　2 右移腰　3 右转腰　4 左移腰

5 右转腰　6 左转腰　7 右转腰[正]　8 左转腰[小]

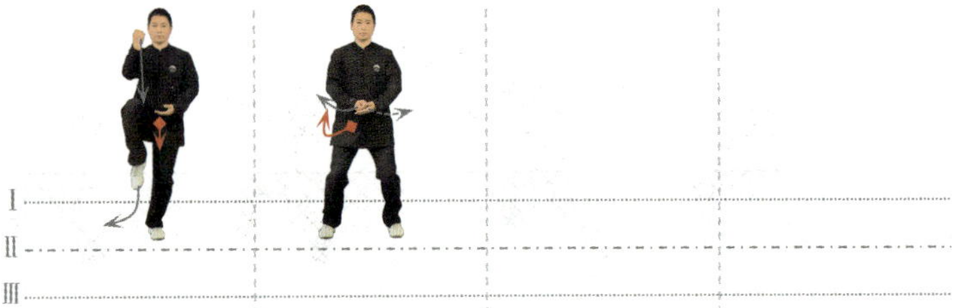

9 右转腰[正]　10 下塌腰

第16式 撇身捶

1 右转腰　2 下塌腰　3 左转腰[正]　4 左转腰

5 右移腰　6 右转腰　7 左移腰　8 左转腰

9 右移腰

10 右转腰

11 下塌腰

第17式 青龙出水

1 左移腰

2 左转腰[正]

3 右转腰

4 右移腰

5 左转腰

6 左移腰

7 右转腰

8 右移腰

9 左转腰[正]

第18式 双推手

1 左移腰[小]　2 左转腰[小]　3 右移腰[小]　4 右转腰

5 左移腰[小]　6 左转腰　7 前移腰　8 下塌腰

9 左转腰　10 右移腰　11 右转腰[正]　12 下塌腰

第19式 肘底看拳

1 右转腰[小]　2 左转腰[小]　3 左转腰[大]　4 右转腰[正]

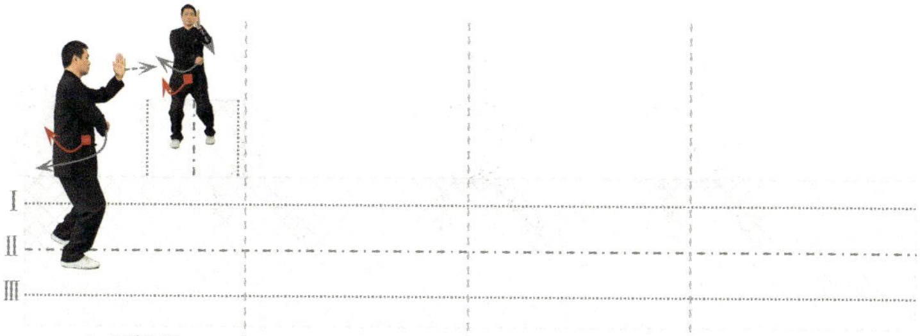

5 下塌腰

第20式 倒卷肱

1 右转腰　2 左转腰[正]　3 下塌腰　4 后移腰

5 左转腰[小]　6 前移腰　7 左转腰　8 右转腰

9 左移腰　10 下塌腰　11 后移腰　12 右转腰[小]

Ⅰ
Ⅱ
Ⅲ
13 前移腰
14 右转腰
15 左转腰
16 后移腰
17 下塌腰
18 后移腰
19 左转腰小
20 前移腰
21 左转腰
22 右转腰
23 后移腰
24 下塌腰
25 后移腰
26 右转腰小
27 前移腰

第21式 白鹅亮翅

1 右转腰　2 左转腰　3 后移腰　4 下塌腰

5 左移腰　6 左转腰　7 右转腰[正]　8 左转腰[小]

9 右转腰　10 左转腰[正]　11 下塌腰

第22式 斜形

1 左转腰　2 右转腰　3 右转腰　4 下塌腰

5 左移腰

6 左转腰

7 右转腰

8 左转腰[正]

9 下塌腰

第23式 闪通背

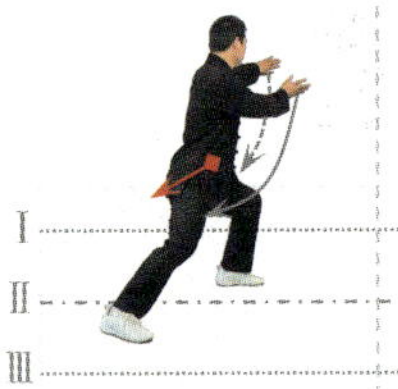

1 左转腰

2 右移腰

3 右转腰

4 左转腰

5 右转腰

6 下塌腰

7 前移腰

8 左转腰

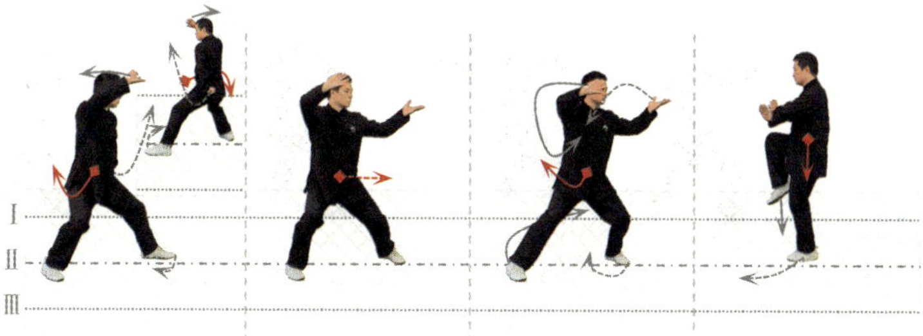

9 右移腰　10 右转腰　11 左移腰　12 右转腰 90°

13 下塌腰

第24式 掩手肱拳

1 左移腰　2 左转腰　3 右移腰　4 右转腰

5 左移腰　6 左转腰 正

第25式 六封四闭

1 左转腰　2 右移腰　3 右转腰　4 左转腰 90°

5 前移腰　6 下塌腰　7 左转腰　8 右移腰

9 右转腰　10 下塌腰

第26式 单鞭

1 右转腰　2 左转腰　3 右转腰 正　4 下塌腰

5 左移腰　6 左转腰　7 右移腰　8 右转腰

9 左移腰　10 左转腰　11 右转腰[正]　12 下塌腰

第27式 云手

1 左转腰　2 右移腰　3 右转腰　4 左移腰

5 左转腰　6 右移腰[小]　7 下塌腰　8 右转腰

9 左移腰　10 左转腰　11 右移腰[小]　12 下塌腰

13 左移腰

第28式 高探马

1 左转腰　2 下塌腰　3 后移腰　4 右转腰

5 前移腰　6 左转腰　7 后移腰　8 左转腰[小]

9 后移腰　10 左转腰[小]　11 右移腰　12 左转腰[正]

第29式 右擦脚

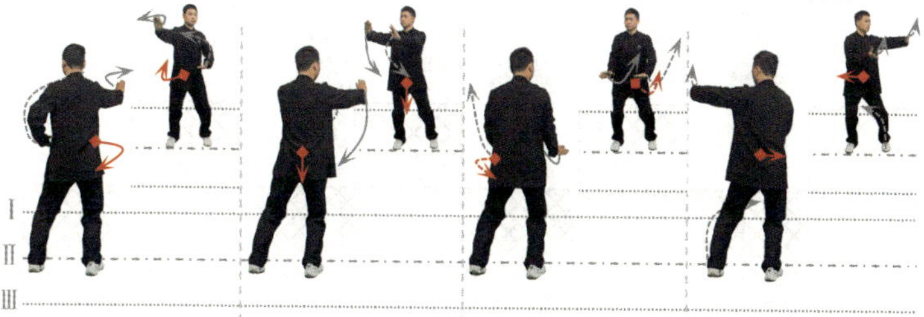

1 左转腰　2 右转腰　3 下塌腰　4 左转腰

5 右移腰　6 下塌腰　7 上领腰　8 左转腰[小]

第30式 左擦脚

1 下塌腰　2 右转腰　3 前移腰　4 下塌腰

5 上领腰　6 右转腰[小]　7 下塌腰　8 后移腰

9 左转腰　10 右移腰　11 左转腰[正]

第31式 左蹬一根

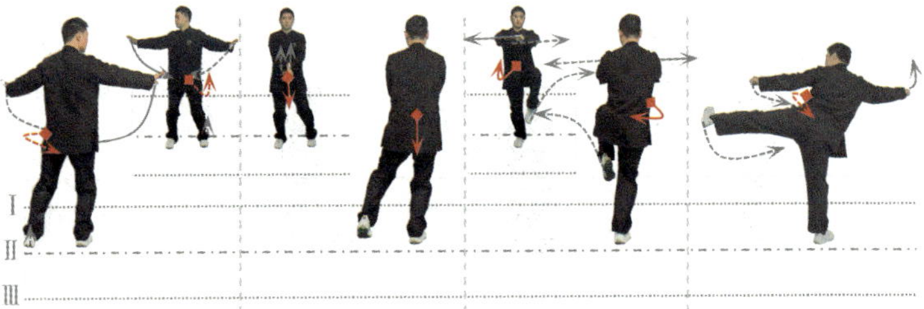

1 右转腰　2 左转腰　3 下塌腰　4 右转腰

5 左转腰

第32式 前趟拗步

1 下塌腰　2 前移腰　3 后移腰[小]　4 左转腰

5 前移腰　6 下塌腰　7 前移腰　8 后移腰[小]

9 右转腰　10 前移腰　11 下塌腰

第33式 击地捶

1 右转腰　2 前移腰　3 左转腰

第34式 踢二起

1 右移腰 2 右转腰 3 左移腰 4 右移腰

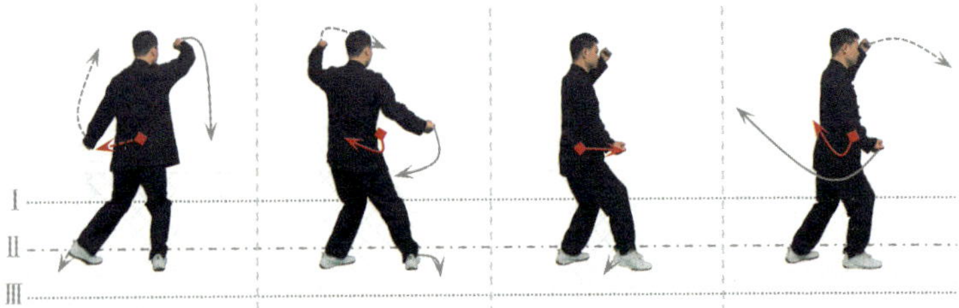

5 右转腰 6 后移腰 7 右转腰 8 前移腰

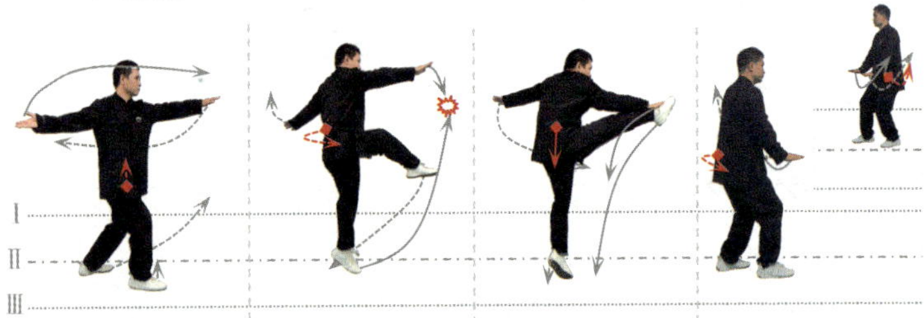

9 右转腰 10 上领腰 11 左转腰 12 下塌腰

第35式 护心拳

1 左转腰 2 右移腰 3 右转腰 4 下塌腰

5 左移腰

6 左转腰[小]

7 下塌腰

8 左转腰

9 右移腰

10 右转腰

11 左移腰

12 右移腰

13 左转腰[正]

第36式 旋风脚

1 左移腰

2 左转腰

3 右移腰

4 右转腰

5 左移腰　6 左转腰　7 下塌腰　8 右转腰

9 右移腰　10 下塌腰　11 上领腰　12 右转腰

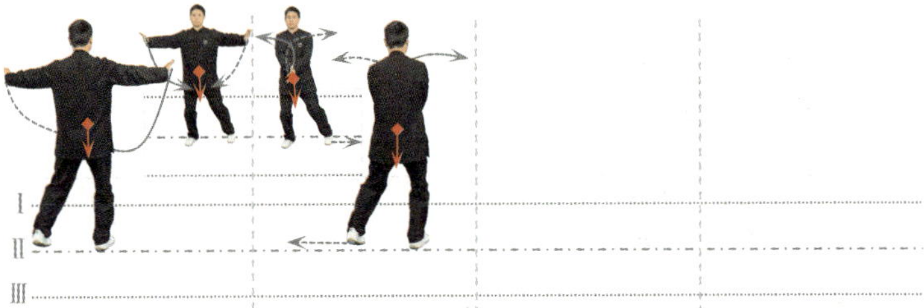

13 右转腰　14 下塌腰

第37式 右蹬一根

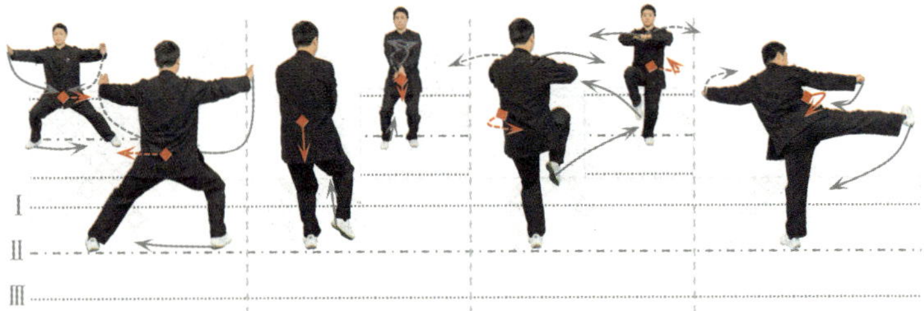

1 下塌腰　2 左移腰　3 下塌腰　4 左转腰

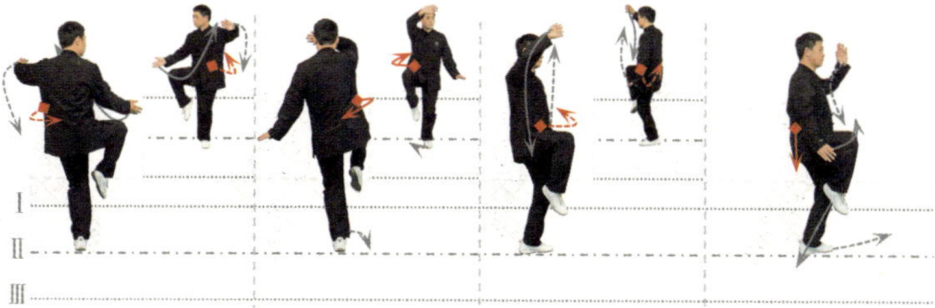

5 右转腰　6 左转腰　7 右转腰　8 左转腰[正]

9 下塌腰

第38式 掩手肱拳

1 左移腰　2 左转腰　3 右移腰　4 右转腰

5 左移腰　6 左转腰[正]

第39式 小擒打

1 左转腰　2 右转腰　3 前移腰　4 下塌腰

5 前移腰　6 左转腰　7 后移腰　8 右转腰

9 前移腰　10 左转腰[正]

第40式 抱头推山

1 左转腰　2 右转腰　3 下塌腰　4 左转腰

5 下塌腰　6 前移腰　7 右转腰

第41式 六封四闭

1 左移腰　2 左转腰　3 右移腰　4 右转腰

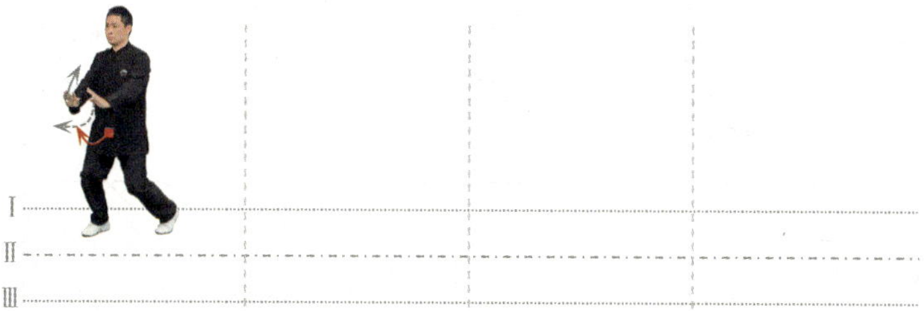

5 下塌腰

第42式 单鞭

1 右转腰　2 左转腰　3 右转腰[正]　4 下塌腰

5 左移腰　6 左转腰　7 右移腰　8 右转腰

9 左移腰　10 左转腰　11 右转腰[正]　12 下塌腰

第43式 前招

1 左转腰　2 右转腰　3 前移腰　4 下塌腰

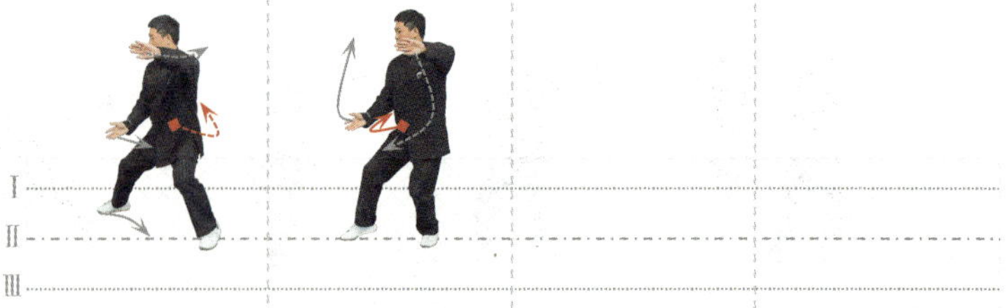

5 左移腰　6 左转腰

第44式 后招

1 右转腰

第45式 野马分鬃

1 左转腰　2 下塌腰　3 前移腰　4 右转腰

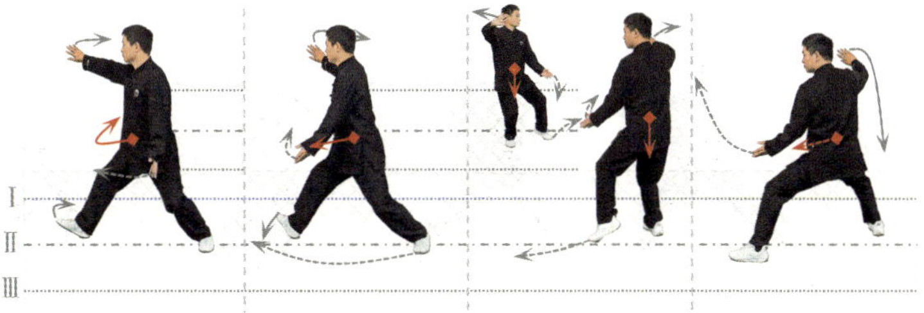

5 后移腰[小]　6 右转腰　7 前移腰　8 下塌腰

9 前移腰　10 左转腰

第46式 六封四闭

1 左转腰　2 右移腰　3 右转腰　4 左转腰

5 左移腰　6 下塌腰　7 前移腰　8 左移腰

9 左转腰　10 右移腰　11 右转腰　12 下塌腰

第47式 单鞭

1 右转腰　2 左转腰　3 右转腰[正]　4 下塌腰

5 左移腰　6 左转腰　7 右移腰　8 右转腰

9 左移腰　10 左转腰　11 右转腰[正]　12 下塌腰

第48式 玉女穿梭

1 左转腰[小]　2 右移腰　3 左转腰　4 右转腰

5 后移腰　6 右转腰　7 下塌腰　8 上领腰

9 下塌腰　10 左转腰[小]　11 左转腰　12 下塌腰

13 右转腰　14 右转腰　15 后移腰　16 右转腰

17 左移腰[中]　18 右转腰

第49式 懒扎衣

1 左移腰　2 下塌腰　3 左转腰　4 右移腰

5 右转腰[小]　6 左转腰[正]　7 下塌腰

第50式 六封四闭

1 左移腰　2 左转腰　3 右移腰　4 右转腰

5 左移腰　6 左转腰　7 右移腰　8 右转腰

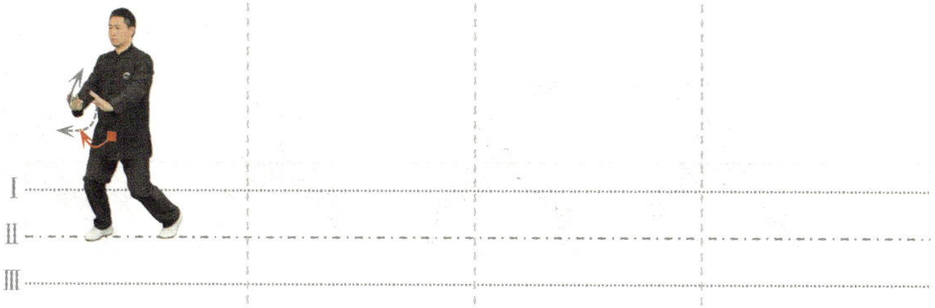

9 下塌腰

第51式 单鞭

1 右转腰　2 左转腰　3 右转腰[正]　4 下塌腰

5 左移腰　6 左转腰　7 右移腰　8 右转腰

9 左移腰　10 左转腰　11 右转腰[正]　12 下塌腰

第52式 云手

1 左转腰　2 右移腰　3 右转腰　4 左移腰

5 左转腰

6 后移腰

7 下塌腰

8 右转腰

9 左移腰

10 左转腰

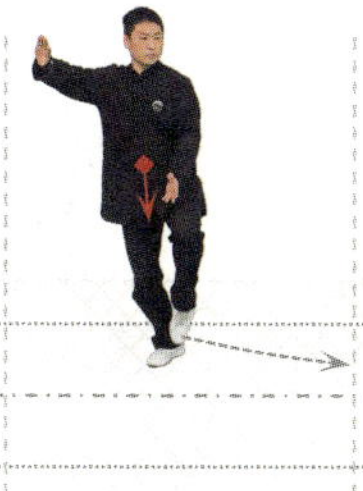

11 后移腰

12 下塌腰

13 右转腰

14 左移腰

15 左转腰

16 右移腰

17 下塌腰

18 左移腰

第53式 摆脚跌岔

第54式 金鸡独立

9 右移腰　10 右转腰　11 左转腰[正]

第55式 倒卷肱

1 右转腰　2 左转腰[正]　3 下塌腰　4 后移腰

5 左转腰[小]　6 前移腰　7 左转腰　8 右转腰

9 左移腰　10 下塌腰　11 后移腰　12 右转腰[小]

13 前移腰 | 14 右转腰 | 15 左转腰 | 16 后移腰

17 下塌腰 | 18 后移腰 | 19 左转腰[小] | 20 前移腰

21 左转腰 | 22 右转腰 | 23 后移腰 | 24 下塌腰

25 后移腰 | 26 右转腰[小] | 27 前移腰

第56式 白鹅亮翅

1 右转腰　2 左转腰　3 后移腰　4 下塌腰

5 左移腰　6 左转腰　7 右转腰[正]　8 左转腰[小]

9 右转腰　10 左转腰[正]　11 下塌腰

第57式 斜形

1 左转腰　2 右转腰　3 右转腰　4 下塌腰

5 左移腰

6 左转腰

7 右转腰

8 左转腰[正]

9 下塌腰

第58式 闪通背

1 左转腰

2 右移腰

3 右转腰

4 左转腰

5 右转腰

6 下塌腰

7 前移腰

8 左转腰

9 右移腰　10 右转腰　11 左移腰　12 右转腰 90°

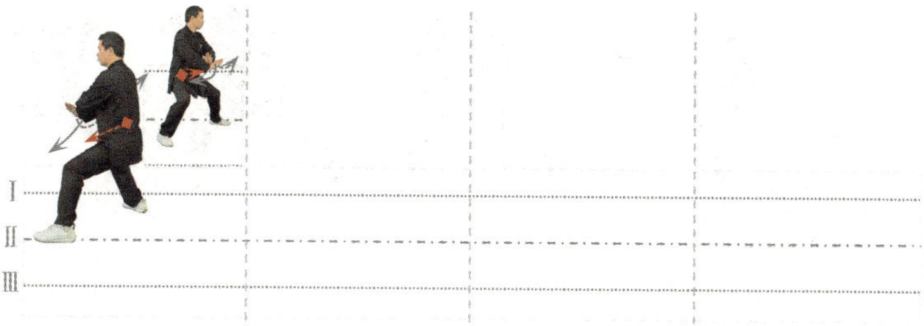

13 下塌腰

第59式 掩手肱拳

1 左移腰　2 左转腰　3 右移腰　4 右转腰

5 左移腰　6 左转腰 正

第60式 六封四闭

第61式 单鞭

5 左移腰　6 左转腰　7 右移腰　8 右转腰

9 左移腰　10 左转腰　11 右转腰[正]　12 下塌腰

第62式 云手

1 左转腰　2 右移腰　3 右转腰　4 左移腰

5 左转腰　6 右移腰[小]　7 下塌腰　8 右转腰

9 左移腰　10 左转腰　11 右移腰[小]　12 下塌腰

13 左移腰

第63式 高探马

1 左转腰　2 下塌腰　3 后移腰　4 右转腰

5 前移腰　6 左转腰　7 后移腰　8 左转腰[小]

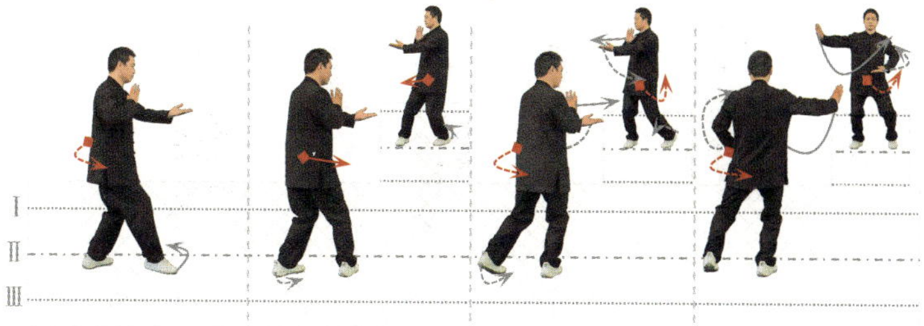

9 后移腰　10 左转腰[小]　11 右移腰　12 左转腰[正]

第64式 十字脚

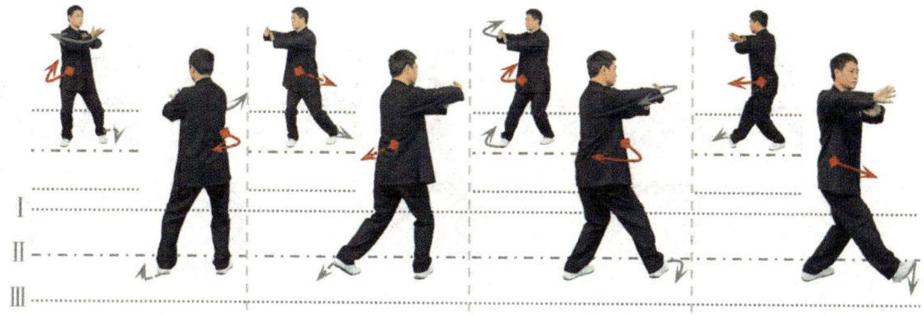

1 左转腰　2 右转腰　3 后移腰　4 右转腰

5 前移腰　6 下塌腰　7 左移腰　8 左转腰

9 右转腰　10 下塌腰　11 左转腰　12 右转腰[正]

13 右转腰　14 左转腰　15 下塌腰

第65式 指裆捶

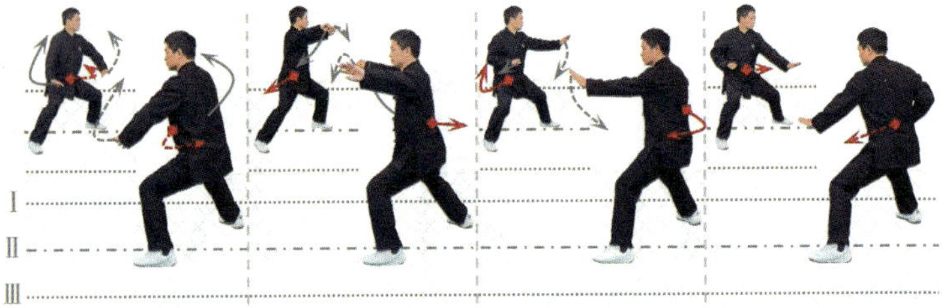

1 前移腰　2 左转腰　3 后移腰　4 右转腰

5 前移腰　6 左转腰

第66式 猿猴探果

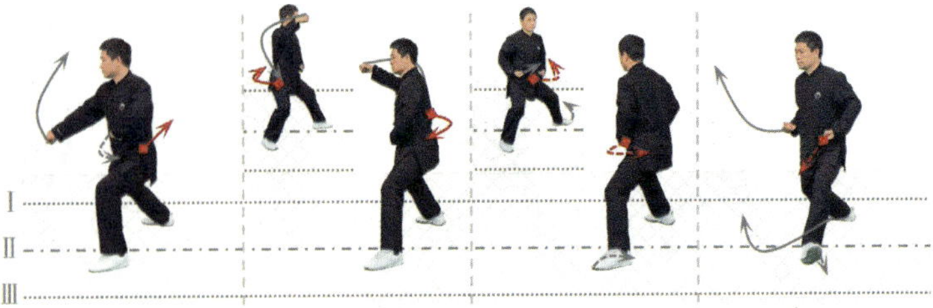

1 左转腰　2 右移腰　3 右转腰　4 左转腰

5 左移腰　6 下塌腰　7 左转腰　8 右移腰

9 右转腰　10 下塌腰

第67式 单鞭

1 右转腰　2 左转腰　3 右转腰[正]　4 下塌腰

5 左移腰　6 左转腰　7 右移腰　8 右转腰

9 左移腰　10 左转腰　11 右转腰[正]　12 下塌腰

第68式 雀地龙

1 左转腰　2 右移腰　3 下塌腰　4 前移腰

第69式 上步七星

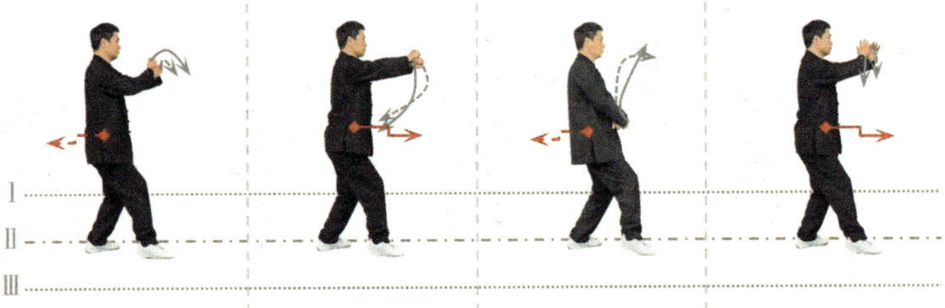

1 左转腰[正]　2 后折迭腰　3 前折迭腰　4 后折迭腰

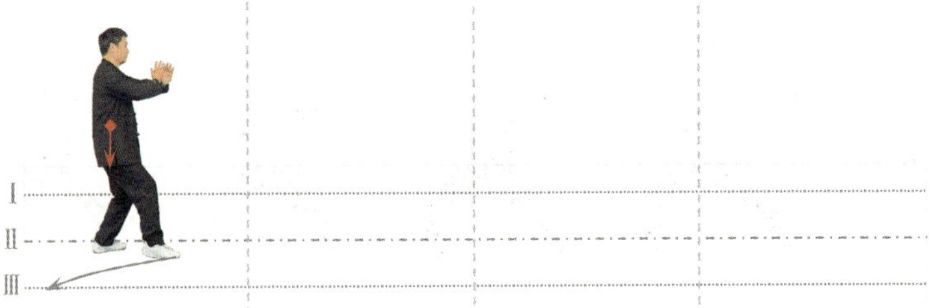

5 前折迭腰[正]

第70式 下步跨肱

1 下塌腰　2 右移腰　3 右转腰　4 右转腰

5 左转腰[正]

第71式 转身双摆莲

1 右转腰　2 左移腰　3 右转腰　4 前移腰

5 右转腰[大]　6 右转腰　7 前移腰　8 左转腰

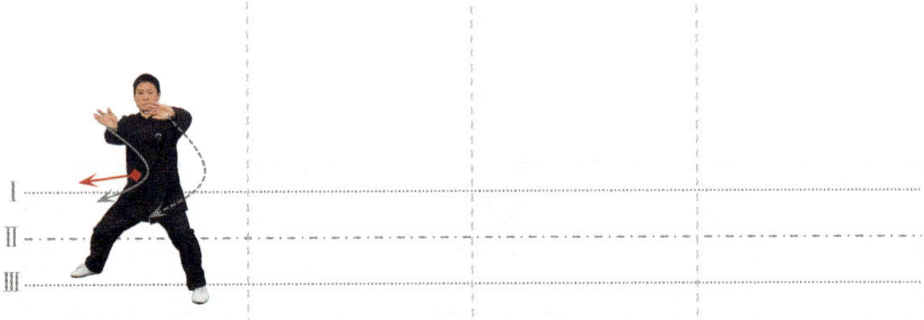

9 下塌腰

第72式 当头炮

1 后移腰　2 右转腰　3 前移腰　4 左转腰

第73式 金刚捣碓

1 后移腰　2 右转腰　3 左转腰　4 前移腰

5 左转腰　6 右转腰[正]　7 左转腰　8 右转腰[正]

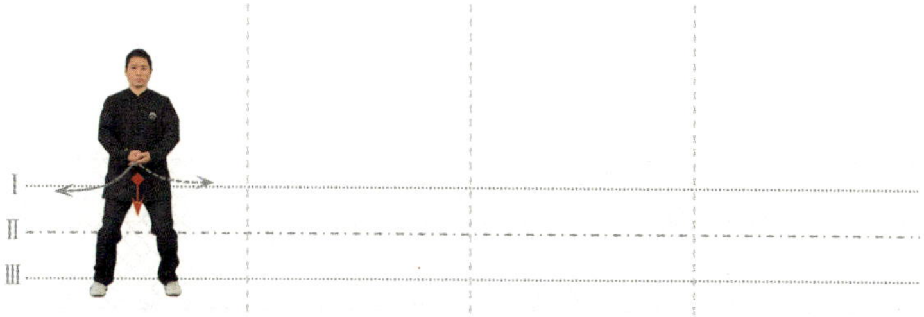

9 下塌腰

第74式 收势

1 下塌腰　2 上领腰　3 下塌腰　4 上领腰

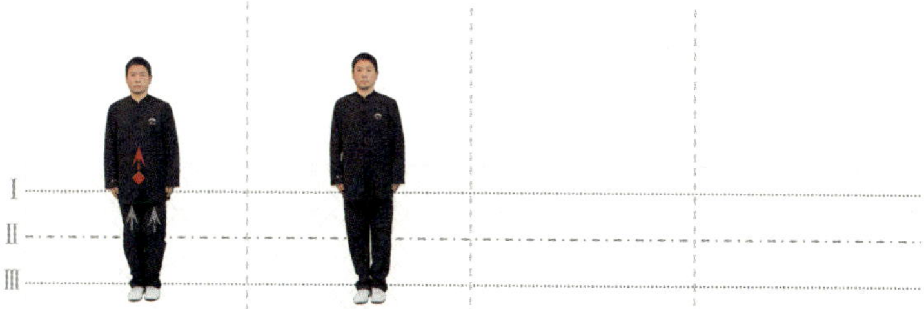

5 右移腰　6 上领腰

致　谢

在诸多亲朋好友的帮助下，本书终于得以出版发行。

首先，感谢师父陈正雷先生，在百忙之中为本书作序，其严谨科学的拳架，为本书的内容结构提供了核心支撑。

其次，感谢师姐陈媛媛女士，给予了笔者强大的精神鼓励。

再次，感谢北京陈正雷太极拳馆的同人和学员们，他们的建议和学拳经历，奠定了本书坚实的实践根基。

从次，感谢曹瑞云、王新、沈红等朋友，在他们鼓励下，本书才得以与观众见面；尤其是曹瑞云女士，她亲自为本书题写书名，不厌其烦地为笔者指点迷津。

然后，感谢李玉攀、马锦辉、丁义军及李笑仪的辛苦付出。李玉攀老师在本书第一阶第二节中正及第一阶第三节浑元桩文中，亲身示范，为本书提供了十二幅配图。马锦辉女士在本书第二阶第三节捋架法文中，充当被捋架者，为本书提供了六幅配图。丁义军先生及时指出了本书的一些错误。李笑仪在本书第一阶第三节身法的移动一文中，手绘了一幅以笔者为原型的解剖平面图插画。

另外，感谢凌翔老师和中国画报出版社编辑部的老师们，不辞辛劳，联手促成了本书的出版印刷。

最后，感谢亲爱的家人们，当本书的编写与出版遇到问题时，总是他们给予笔者无私的关爱和支持。

当然，还要感谢购买本书且认真研读本书的拳友们，你们能够从本书中获得些许感悟，才能使本书永葆青春活力。